DIETMAR FRANKE

Die Bildberichterstattung über den Angeklagten und der Öffentlichkeitsgrundsatz im Strafverfahren

Schriften zum Strafrecht

Band 29

Die Bildberichterstattung über den Angeklagten und der Öffentlichkeitsgrundsatz im Strafverfahren

Von

Dr. Lic. iur. Dietmar Franke

DUNCKER & HUMBLOT / BERLIN

Alle Rechte vorbehalten
© 1978 Duncker & Humblot, Berlin 41
Gedruckt 1978 bei Buchdruckerei Bruno Luck, Berlin 65
Printed in Germany
ISBN 3 428 04217 4

Vorwort

Die Arbeit hat der Rechts- und Wirtschaftswissenschaftlichen Fakultät der Universität des Saarlandes im Wintersemester 1977/78 als Dissertation vorgelegen.

Dank gebührt an dieser Stelle Herrn Prof. Dr. Heinz Müller-Dietz, der die Arbeit durch wertvolle Anregungen und Hinweise gefördert hat, sowie Frl. Birgit Hornung für die zuverlässige Erledigung der Schreib- und Korrekturarbeiten.

Dank gilt auch der Vereinigung der Freunde der Universität des Saarlandes e.V., die durch ihre bereitwillige Unterstützung den Druck der Arbeit ermöglicht hat.

Saarbrücken, im September 1978 *Dietmar Franke*

Inhaltsverzeichnis

Einleitung 13

§ 1. **Das Öffentlichkeitsprinzip des § 169 S. 1 GVG als legislatorischer Ausgangspunkt** 19

    I. Die Auslegung des § 169 S. 1 GVG durch Rechtsprechung und Lehre — Darstellung und Kritik 19

    II. Zur Struktur des Begriffes „öffentlich" 21

    III. Die Konsequenzen für die Auslegung des § 169 S. 1 GVG 24

§ 2. **Die Funktion der Öffentlichkeit im Strafverfahren** 26

    I. Das tradierte Öffentlichkeitsverständnis: Öffentlichkeit als Garantin der Gerechtigkeit 26

        1. Die Bedeutung des tradierten Öffentlichkeitsverständnisses in der gegenwärtigen Diskussion 26

        2. Die geistesgeschichtlichen Grundlagen 28

            a) Die rechtsphilosophische Begründung 28

            b) Der bürgerliche Liberalismus 29

        3. Die historische Entwicklung der Gerichtsöffentlichkeit und ihr Bezug zu den geistesgeschichtlichen Grundlagen 31

        4. Kritik des tradierten Öffentlichkeitsverständnisses 35

            a) Bürgerlich-liberale Öffentlichkeit als Ideologie 35

            b) Struktur- und Funktionswandel der Öffentlichkeit 37

    II. Gerichtsöffentlichkeit als Forderung des Demokratiegebots 38

        1. Zum Stand der gegenwärtigen Diskussion: Darstellung und Kritik 38

        2. Die konkreten Anknüpfungspunkte 41

            a) Die staatsorganschaftliche Stellung des Volkes 41

            b) Das demokratische Recht zur Bildung öffentlicher Meinung 43

III. Gerichtsöffentlichkeit als Postulat des Rechtsstaatsprinzips 48

    1. Vorbemerkung 48

    2. Die konkreten Anknüpfungspunkte 49

        a) Gerichtsöffentlichkeit als Konsequenz der Publikationspflicht der Gesetze 49

        b) Gerichtsöffentlichkeit als Voraussetzung zur Berechenbarkeit richterlicher Machtausübung 51

        c) Gerichtsöffentlichkeit als Schutz der richterlichen Unabhängigkeit 53

        d) Gerichtsöffentlichkeit als Bedingung allgemeinen Vertrauens in die Rechtsprechung 57

IV. Gerichtsöffentlichkeit und Strafzweck (Generalprävention) 62

V. Gerichtsöffentlichkeit als Voraussetzung zur Befriedigung des allgemeinen Informationsbedürfnisses 65

VI. Fazit 70

§ 3. Funktion und Aussagewert der Bildberichterstattung über den Angeklagten 72

I. Vorbemerkung 72

II. Der Informationswert des Pressefotos 73

III. Die Wirkung des Pressefotos 77

IV. Fazit 80

§ 4. Die Bildberichterstattung und das Persönlichkeitsrecht des Angeklagten am eigenen Bild 82

I. Vorbemerkung 82

II. Die Anerkennung des allgemeinen Persönlichkeitsrechts durch das Grundgesetz 82

III. Das Recht am eigenen Bild als besonderes Persönlichkeitsrecht 85

IV. Die Bildaufnahme des Angeklagten als Verletzung seines Rechts am eigenen Bild 87

    1. Die §§ 22, 23 KUG als Anknüpfungspunkte 87

        a) Die Anwendbarkeit der §§ 22, 23 KUG im Rahmen der Bildaufnahme 87

        b) Die Grenzen der Abbildungsfreiheit nach den §§ 22, 23 KUG 88

2. Der Angeklagte als Person der Zeitgeschichte: § 23 Abs. 1 Ziffer 1 KUG 90
   a) Zum Begriff Person der Zeitgeschichte 90
   b) Die Problematik im Spiegel von Rechtsprechung und Literatur 92
   c) Kritik 95
   d) Kriterien zur Bestimmung des Begriffes Zeitgeschichte .. 97
   e) Die Konsequenzen für die Auslegung des § 23 Abs. 1 Ziffer 1 KUG 101
3. Die berechtigten Interessen des Angeklagten — § 23 Abs. 2 KUG 103
   a) Der Begriff „berechtigte Interessen" im Sinne des § 23 Abs. 2 KUG 103
   b) Die Notwendigkeit einer Interessenabwägung 105
   c) Das Informationsinteresse der Bildpresse: Art. 5 Abs. 1 S. 2 GG 106
   d) Das Anonymitätsinteresse des Angeklagten 111
      aa) Vorbemerkung 111
      bb) Das Argument aus § 81 b StPO 113
      cc) Bildberichterstattung und prozessuale Unschuldsvermutung 116
      dd) Bildberichterstattung und Resozialisierung/Sozialisation 117
         α) Bildberichterstattung und Vollzugsziel der Resozialisierung 117
         β) Bildberichterstattung und Sozialisation 120
   e) Das Anonymitätsinteresse des Angeklagten „im Lichte" der Pressefreiheit des Art. 5 Abs. 1 S. 2 GG 121

§ 5. Ergebnis 125

Schlußbetrachtung 127

Literaturverzeichnis 129

Abkürzungen

AfP	Archiv für Presserecht
AG	Amtsgericht
BayObLG	Bayerisches Oberstes Landgericht
BGB	Bürgerliches Gesetzbuch
BGH	Bundesgerichtshof
BGHSt	Entscheidungen des Bundesgerichtshofs in Strafsachen
BGHZ	Entscheidungen des Bundesgerichtshofs in Zivilsachen
BJM	Bundesjustizministerium
Diss.	Dissertation
DJT	Deutscher Juristentag
DJZ	Deutsche Juristenzeitung
DÖV	Die öffentliche Verwaltung
DRiZ	Deutsche Richterzeitung
DVBl	Deutsches Verwaltungsblatt
GG	Grundgesetz
GRUR	Gewerblicher Rechtsschutz und Urheberrecht
JR	Juristische Rundschau
JurJAB	Juristen-Jahrbuch
JuS	Juristische Schulung
JW	Juristische Wochenschrift
JZ	Juristenzeitung
KG	Kammergericht
KJ	Kritische Justiz
KUG	Kunst- und Urhebergesetz
LG	Landgericht
MDR	Monatsschrift für Deutsches Recht
NJW	Neue Juristische Wochenschrift
OLG	Oberlandesgericht
Rdnr.	Randnummer
RG	Reichsgericht
RGSt	Entscheidungen des Reichsgerichts in Strafsachen
RGZ	Entscheidungen des Reichsgerichts in Zivilsachen
SchwZStr	Schweizer Zeitschrift für Strafrecht
StGB	Strafgesetzbuch
StPO	Strafprozeßordnung
StVollzG	Strafvollzugsgesetz
Ufita	Archiv für Urheber-, Film-, Funk- und Theaterrecht
UrhG	Urheberrechtsgesetz
VVDStRL	Veröffentlichungen der Vereinigung Deutscher Staatsrechtslehrer
ZfPol	Zeitschrift für Politik
ZPO	Zivilprozeßordnung
ZRP	Zeitschrift für Rechtspolitik
ZSR	Zeitschrift für Schweizer Recht
ZStrW	Zeitschrift für die gesamte Strafrechtswissenschaft

Einleitung

Als der Gesetzgeber im Jahre 1965 beschloß, gegen das optische und akustische Aufzeichnen von Gerichtsverhandlungen durch Gerichtsreporter einzuschreiten, beschränkte er sein Verbot auf „Ton- und Fernseh-Rundfunkaufnahmen sowie Tonaufnahmen zum Zwecke der öffentlichen Vorführung oder Veröffentlichung ihres Inhalts" (§ 169 S. 2 GVG)[1]. Dem Gesetz waren langjährige Diskussionen vorausgegangen, in deren Verlauf wiederholt auch Bedenken gegen die Rechtmäßigkeit sogenannter einfacher, auf Vorgänge der Hauptverhandlung bezogener Bildaufnahmen erhoben wurden[2]. Jedoch fanden diejenigen, die sich für die Einführung eines entsprechenden Verbots eingesetzt hatten, in den Gesetzgebungsgremien keine Resonanz[3]. Das hatte zur Folge, daß die Bildaufnahme vom Regelungsbereich des § 169 S. 2 GVG ausgenommen blieb. Hieraus könnte im Wege des argumentum e contrario der Schluß gezogen werden, der Gesetzgeber habe sich in § 169 S. 2 GVG für eine generelle Erlaubnis fotografischer Aufnahmen während der Hauptverhandlung ausgesprochen[4]. Dann müßte aber § 169 S. 2 GVG die Formen unzulässiger Gerichtsberichterstattung *abschließend* regeln. Voraussetzung dafür wäre aber, daß der Gesetzgeber alle in diesem Zusammenhang in Betracht kommenden rechtlichen Gesichtspunkte gewürdigt und in § 169 S. 2 GVG hinreichend berücksichtigt hätte[5]. Da-

---

[1] Eingeführt durch Art. 11 StPÄG vom 19. 12. 1964.

[2] *Ad. Arndt,* NJW 1960, 424; *Dahs,* AnwBl. 1959, 181; *ders.,* NJW 1961, 1756; *Eb. Schmidt,* JZ 1962. 221; *ders.,* Lehrkommentar, Rz 407 ff.; *ders.,* Festschr. f. Walter Schmidt, S. 338 ff.; *Bockelmann,* NJW 1960, 217 ff.; *Sarstedt,* JR 1956, 121 ff.; *Flehinghaus,* DRiZ 1959, 165; *Erdsiek,* NJW 1960, 1048; *Jagusch,* DRiZ 1960, 85; *Becker,* DRiZ 1960, 218; *Schäfer,* in: *Löwe / Rosenberg,* Einl. Kap. 13 Rdnr. 99. Vgl. auch die Entschließung des VIII. Internationalen Strafrechtskongresses vom 21. - 27. 9. 1961 in Lissabon; dort heißt es, daß „die Berichterstatter es nach Möglichkeit vermeiden müssen, die Identität von verdächtigen oder beschuldigten Personen ... zu offenbaren". Und weiter: Bei der Berichterstattung über die Hauptverhandlung komme es darauf an, „in den Gerichtssälen den Gebrauch von ... Photoapparaten ... zu untersagen". (Wiedergegeben von *Jescheck,* ZStrW 74 [1962], 45 f.) Ähnlich auch schon die Entschließung des Deutschen Richterbundes vom 7. 5. 1960 (abgedruckt in: DRiZ 1960, 197), sowie die Stellungnahme des Deutschen Anwaltstages: AnwBl. 1959, Heft 8/9.

[3] Im Rechtsausschuß des Bundestages hatte sich vor allem der Abg. *Hirsch* für die Einbeziehung der Bildaufnahme in § 169 S. 2 GVG eingesetzt (vgl. Protokolle des Rechtsausschusses, 4. Wahlp. 18/15).

[4] So *Müller / Sax,* KMR-Kommentar, Anm. 2 (II) vor § 226.

[5] Zweifel äußert auch *Eb. Schmidt,* NJW 1968, 804; *ders.,* Publizistik, S. 12.

ran muß, wie die Materialien zur Entstehungsgeschichte der Vorschrift beweisen, ernsthaft gezweifelt werden.

Betrachtet man § 169 S. 2 GVG vom Ergebnis her und untersucht, welche Auswirkungen sein Inkrafttreten im Hinblick auf die rechtliche Situation der Gerichtsberichterstattung mit sich gebracht hat, so stellt man fest, daß er nicht mehr als eine Festschreibung des damals bestehenden, durch Richterrecht bereits geschaffenen Rechtszustandes bedeutete. Denn schon einige Jahre zuvor hatte der Bundesgerichtshof ausgeführt, daß das Anfertigen von Tonbandaufzeichnungen[6] bzw. das Herstellen von Fernsehfilmaufnahmen[7] während des Ganges der Hauptverhandlung vom Öffentlichkeitsprinzip des § 169 S. 1 GVG nicht gedeckt sei. Die Begründungen zu diesen Entscheidungen — insbesondere die zur letztgenannten — erweisen sich bei näherem Zusehen als eine Vorwegnahme der tragenden Argumente, von denen der Gesetzgeber sich bei seinen Überlegungen hat leiten lassen. Die Anwesenheit von Rundfunk- und (Fernseh-)Filmreportern störe — so lauten die übereinstimmenden Ausführungen — die Konzentration der Beteiligten oder stimme diese befangen und beeinträchtige dadurch die Verteidigung des Angeklagten sowie die Wahrheitsfindung des Gerichts[8].

Bemerkenswert ist, daß sich diese Argumente auf rein justitielle Belange beziehen und damit eine Einseitigkeit in der Betrachtungsweise des Gesetzgebers offenbaren, die ihn des Anspruchs beraubt, die Problematik der Gerichtsberichterstattung erschöpfend ausgelotet zu haben. Diese Kritik richtet sich namentlich gegen die mangelnde Berücksichtigung persönlichkeitsrechtlicher Fragen. Zwar begegnet man in den Niederschriften über die Debatten des Rechtsausschusses mehrfach dem Hinweis auf das Persönlichkeitsrecht des Angeklagten und anderer Prozeßbeteiligter, jedoch spielte dieser Gesichtspunkt für den Gesetzgeber nur eine untergeordnete Rolle. Hierfür spricht neben den im Rechtsausschuß geführten Diskussionen[9] vor allem auch die im Entwurf des Bundesrates vorgesehene — später allerdings wieder gestrichene — Ausnahmebestimmung und deren Begründung[10]. Danach

---

[6] BGHSt 10, 202 ff.; vgl. demgegenüber noch BayObLG NJW 1956, 390 f.
[7] BGHSt 16, 111 ff.
[8] BGHSt 16, 111 (114); vgl. weiter FN 9.
[9] Vgl. die Protokolle des Rechtsausschusses, 4. Wahlp. 18., 36. und 39. Sitzung, sowie den abschließenden Bericht des Abg. *Kanka* (Berichterstatter des Rechtsausschusses), Anlage zu BT-Drucksache IV/1020, 7: „Die große Mehrheit des Ausschusses hat sich bei dieser Entscheidung von der Erwägung leiten lassen, daß die Zulassung einer durch die genannten Mittel erweiterten Öffentlichkeit in unguter Weise manipuliert werden, daß sie auch sonst auf eine Verletzung der Menschenwürde hinauskommen, ja, daß sie sogar die Wahrheitsfindung beeinträchtigen kann."
[10] Zur Genesis des § 169 S. 2 GVG vgl. auch *v. Stackelberg*, JurJAB 2 (1961/62), 188 f.

sollte der Vorsitzende „unter Beachtung der Rechtsprechungsgrundsätze über das allgemeine Persönlichkeitsrecht" befugt sein, „für die Verkündung des Urteils ... aus wichtigen Gründen Ausnahmen" vom Verbot des § 169 S. 2 GVG zuzulassen, da, wenn das Urteil gefällt sei, die Wahrheitsfindung und die Verteidigung des Angeklagten grundsätzlich nicht mehr durch Film- oder Tonaufnahmen beeinträchtigt werden könne[11].

Die Abwälzung persönlichkeitsrechtlicher Überlegungen auf die Rechtsprechung zeigt, daß es dem Gesetzgeber vornehmlich um die Wahrung justitieller Belange ging; erst wenn diese nicht (mehr) tangiert schienen, sollte das Verbot des § 169 S. 2 GVG durchbrochen werden dürfen — eine Voraussetzung, der die geplante Ausnahmebestimmung gerade *nicht* entsprach. Denn berücksichtigt man, daß der Angeklagte befugt ist, zu seiner Verteidigung auch während der Urteilsverkündung (und Begründung) noch um das Wort zu bitten und Anträge zu stellen[12], so erweist sich die Streichung der Ausnahmeregelung gerade unter justitiellem Aspekt als konsequent und notwendig.

Gleichwohl soll nicht übersehen werden, daß § 169 S. 2 GVG neben seiner eindeutig justitiellen Funktion auch persönlichkeitsrechtliche Schutzwirkungen entfaltet, nur beruhen sie mehr auf einem Rechtsreflex als auf der Intention des Gesetzgebers. Wie bereits erwähnt, hatte dieser die persönlichkeitsrechtlichen Implikationen zwar gesehen, die Sorge um ihre Berücksichtigung aber den Gerichten überlassen[13]. Dies hat *Eb. Schmidt* zu der pointierten Kritik veranlaßt, § 169 S. 2 GVG entfalte eine „ins Prozessuale gewendete Abschlagszahlung an das, was der Gesetzgeber bezüglich der Rechtmäßigkeit bzw. Rechtswidrigkeit nicht nur bezüglich der Rundfunk-, Fernseh- und Filmaufnahmen, sondern gerade auch bezüglich der einfachen fotografischen Aufnahme ... ganz generell — also nicht bloß für gerichtliche Verhandlungen — materiell-rechtlich längst hätte regeln sollen"[14]. Dieser „Abschlagszahlung", sprich Unvollständigkeit des § 169 S. 2 GVG, war sich der Gesetzgeber durchaus bewußt. Nach seiner Vorstellung sollten für alle *nicht* unter § 169 S. 2 GVG fallenden Gerichtsberichterstattungen *die* Beschränkungen gelten, die sich aus *„den in Gesetz und Rechtsprechung* anerkannten Grundsätzen über das allgemeine Persönlichkeitsrecht, insbesondere das Recht am eigenen Bilde"[15] ergeben.

---

[11] BT-Drucksache IV/178, 49.
[12] BGHSt 22, 83 (84).
[13] Der Charakter des § 169 S. 2 GVG als einer vornehmlich auf justitielle Belange ausgerichteten Vorschrift wird auch in der Literatur hervorgehoben; vgl. *Eb. Schmidt*, Publizistik, S. 10 m. w. Nachw.
[14] *Eb. Schmidt*, Publizistik, S. 12 f.
[15] BT-Drucksache IV/178, 52. (Hervorhebungen vom Verf.)

Nach alledem kann daher festgestellt werden, daß § 169 S. 2 GVG keinesfalls eine abschließende Regelung darstellt, die sich im Wege des argumentum e contrario in einen positiv rechtlichen Erlaubnissatz für im Gerichtssaal tätige Bildberichterstatter umdeuten läßt. Im Gegenteil: die Zulässigkeit fotografischer Aufnahmen im Gerichtssaal ist — gerade im Hinblick auf die persönlichkeitsrechtlichen Implikationen — eine noch „unentschiedene Frage"[16] von nicht nur juristischer, sondern auch praktischer Bedeutung; denn nach wie vor gehört das Fotografieren von Prozeßbeteiligten — insbesondere des Angeklagten — zu den unerläßlichen Begleiterscheinungen moderner Gerichtsberichterstattung. In welchem Ausmaß dies bisweilen geschieht, zeigt der Bericht des SPIEGEL-Reporters *Gerhard Mauz,* der anläßlich eines im Jahre 1974 vor dem Landgericht Itzehoe stattgefundenen Mordprozesses folgende Beobachtung niederschrieb: „Mitten in der Sitzung" wurde derart „ungehemmt fotografiert..., daß sich auf jede Regung der Angeklagten, auf jeden Gesichtsausdruck sofort zehn, zwanzig Kameras richteten"[17].

Gewiß wird man diesen Vorgang als einen atypischen Fall richterlicher Duldsamkeit gegenüber maßlosen Fotoreportern ansehen müssen. Gleichwohl macht das Beispiel deutlich, daß die Grenzen fotografischer Betätigung im Gerichtssaal — und hier insbesondere während des Ganges der Hauptverhandlung — doch weitgehend von der Toleranz des jeweiligen Vorsitzenden abhängen; denn in seinem sitzungspolizeilichen Ermessen steht es, „ob und unter welchen Voraussetzungen im Sitzungssaal ... Bildaufnahmen gemacht werden dürfen"[18]. Zwar werden die meisten Gerichtsvorsitzenden dieses Ermessen dahingehend ausüben, daß sie fotografische Aufnahmen für die Zeit der Verhandlung und der Urteilsverkündung untersagen; verpflichtet dazu sind sie nach herrschender Rechtsauffassung jedenfalls nicht[19].

Macht ein Vorsitzender von seiner sitzungspolizeilichen Gewalt Gebrauch und untersagt er das Fotografieren während Verhandlung und Urteilsverkündung, so bedeutet das für die Fotoreporter jedoch kein „totales" Fotografierverbot. Vielmehr verbleiben ihnen ausreichend Möglichkeiten, den Angeklagten „situationsgetreu", d. h. während seiner Anwesenheit im Gerichtssaal abzubilden. Geradezu „ideale" und — wie der Zeitungs- und Illustriertenleser regelmäßig feststellen kann — von den Bildreportern reichlich genutzte Momente bieten sich während der Zeit vor Beginn und nach Ende der Sitzung sowie während

---

[16] *Eb. Schmidt,* Strafprozeßrecht, S. 65.
[17] *Mauz,* Der Spiegel, Nr. 35, 1974, 54.
[18] Vgl. Nr. 125 Abs. 3 RiStBV; ferner *Maul,* MDR 1970, 286 ff.; *Rohde,* S. 207 f.
[19] Ob eine solche Verpflichtung unter dem Gesichtspunkt der Ermessensreduzierung „auf Null" gegeben ist, wird noch zu prüfen sein.

der Verhandlungspausen, in denen der Angeklagte auf das Wiedererscheinen des Gerichts wartet, um der Fortsetzung der Verhandlung bzw. der Verkündung des Urteils entgegenzusehen.

Abgesehen von den zum Baader-Meinhof-Komplex gehörenden Strafverfahren sind in der jüngsten Strafprozeßgeschichte kaum einmal Fälle bekannt geworden, in denen das Fotografieren während der genannten Zeiträume kraft sitzungspolizeilicher Gewalt oder kraft Hausrechts untersagt worden ist. Gerichtsvorsitzende bzw. Inhaber des Hausrechts üben ihr Ermessen vielmehr regelmäßig zugunsten der Bildberichterstatter aus[20]. Restriktive Handhabung der Fotografiererlaubnis während der Verhandlung und wohlwollende Duldung der Bildpresse im übrigen erscheint in bezug auf den Angeklagten als eine wenig sachgerechte Differenzierung; denn aus seiner Sicht macht es kaum einen Unterschied, ob er während seiner Vernehmung, während der Urteilsverkündung oder aber in der für ihn nicht minder spannungsreichen Situation der Erwartung des Gerichts fotografiert wird. In beiden Fällen stellt sich für ihn die Frage, ob er (ungewolltes) Fotografieren seiner Person dulden muß. Hierbei handelt es sich nicht um eine Ermessens-, sondern um eine Rechtsfrage, die das *Gesetz* (nicht aber der einzelne Ermessensträger) zu beantworten hat. Den positivrechtlichen Anknüpfungspunkt bildet § 169 Satz 1 GVG; die Vorschrift lautet: „Die Verhandlung vor dem erkennenden Gericht einschließlich der Verkündung der Urteile und Beschlüsse ist öffentlich."

Nach dem Wortlaut des § 169 Satz 1 GVG erscheint die soeben aufgestellte These, die Zulässigkeit von außerhalb der Verhandlung, also in Sitzungspausen etc. aufgenommenen Bildreportagen sei am Öffentlichkeitsprinzip zu messen, fraglich. Der Begriff „Verhandlung" meint den „eigentlichen Gang der Hauptverhandlung"[21]; er betrifft mithin weder Verhandlungspausen noch die Zeit vor oder nach der Sitzung. Es versteht sich daher von selbst, daß eine unmittelbare Anwendung des § 169 Satz 1 GVG auf die vorliegende Problematik nur insoweit in Betracht kommt, als es um die Zulässigkeit von Bildreportagen geht, die gleichsam unter den Augen des Gerichts angefertigt werden.

Die zeitliche Begrenzung des Öffentlichkeitsprinzips auf den Gang der Verhandlung schließt freilich nicht aus, es auch für die übrigen soeben skizzierten Fälle fruchtbar zu machen. Im Gegenteil erscheint es aus logischen Gründen sogar zwingend geboten, die Grenzen zulässiger Öffentlichkeit für die Zeit der Verhandlung wie für die Zeit, während der das Gericht (noch) nicht oder nicht mehr anwesend ist, einheitlich

---

[20] In der Praxis geschieht dies in der Regel stillschweigend und zwar in der Weise, daß das Tätigwerden der Fotoreporter geduldet wird.
[21] BGHSt 23, 123 ff.

zu ziehen; denn wer nicht unter den Begriff der Verhandlungsöffentlichkeit fällt, hat auch kein Recht, sich außerhalb des Ganges der Verhandlung im Sitzungssaal aufzuhalten — und umgekehrt. Das folgt aus dem Begriff des Öffentlichkeitsprinzips. Er setzt notwendig voraus, daß die im Zuhörerraum Anwesenden sich eigens zu dem Zweck zusammengefunden haben, der Verhandlung beizuwohnen[22]. Eine auf Sitzungspausen etc. beschränkte Öffentlichkeit ist dem Gesetz unbekannt.

Demzufolge hängt die Antwort auf die Frage nach der Zulässigkeit fotografischer Aufnahmen des Angeklagten durch im Gerichtssaal anwesende Fotoreporter davon ab, ob die Bildpresse als Öffentlichkeit i. S. d. § 169 Satz 1 GVG zu qualifizieren ist. Die hierüber herrschende Rechtsunsicherheit zu beseitigen soll, wenngleich nicht Anspruch, so doch Versuch der vorliegenden Untersuchung sein.

---

[22] *Franke*, ZRP 1977, 143. Zur Begriffsanalyse des Öffentlichkeitsprinzips vgl. im übrigen unten § 1.

§ 1. Das Öffentlichkeitsprinzip des § 169 S. 1 GVG als legislatorischer Ausgangspunkt

I. Die Auslegung des § 169 S. 1 GVG durch Rechtsprechung und Lehre — Darstellung und Kritik

Nach § 169 S. 1 GVG ist „die Verhandlung vor dem erkennenden Gericht einschließlich der Verkündung der Urteile und Beschlüsse" öffentlich[1]. Mangels einer Definition dessen, was das Gesetz unter „öffentlich" versteht, insbesondere also, ob es auch den Zutritt der Bildpresse zur Hauptverhandlung einschließt, muß der Begriff „öffentlich" im Wege der Auslegung ermittelt werden.

Rechtsprechung und Lehre gehen von der Prämisse aus, ein Verfahren sei öffentlich, wenn keine Heimlichkeit vorliege[2]. Daraus folgt, daß die tatsächliche Anwesenheit von unbeteiligten Personen nicht erforderlich ist, um ein Verfahren als öffentlich zu qualifizieren, denn allein die *Möglichkeit,* der Verhandlung beizuwohnen, läßt das Attribut der Heimlichkeit entfallen[3], wie umgekehrt die Nichtöffentlichkeit nicht schon bei tatsächlichem Fernbleiben der Zuschauer, sondern erst bei Ausschluß der Möglichkeit ihres Zutritts zum Gerichtssaal vorliegt[4].

Versucht man aus dem auf die Möglichkeit der Anwesenheit beschränkten Öffentlichkeitsbegriff eine Aussage über den Umfang der Gerichtsöffentlichkeit zu gewinnen, so erschöpft sie sich in der Feststellung, daß die Zahl der denkbaren Zuschauer von Null bis Unendlich reicht. Es liegt auf der Hand, daß dieser „formalisierte" Öffentlichkeitsbegriff[5] eine rational nachvollziehbare Begrenzung der Gerichts-

---

[1] § 169 S. 1 GVG gilt außer für die Strafgerichtsbarkeit sowohl für die ordentlichen Gerichte als auch — kraft Verweisung — in den Verfahren vor dem Bundesverfassungsgericht (§ 17 BVerfGG) und vor den Gerichten der Verwaltungs-, Sozial- und Finanzgerichtsbarkeit (§ 55 VwGO, § 61 Abs. 1 S. 1 SGG, § 52 Abs. 1 FGO; vgl. im Wortlaut ähnlich auch § 52 Abs. 1 ArbGG).

[2] Aus der Fülle der Entscheidungen vgl. RGSt 75, 109 (112); BGHSt 2, 56 (57); 3, 386 (387); 7, 218 (221); 9, 280 (281). Aus der Literatur: *Bockelmann,* NJW 1960, 218; *Henkel,* Strafverfahrensrecht, S. 324; *Kern / Roxin,* Strafverfahrensrecht, S. 228; *Schäfer,* in: *Löwe / Rosenberg,* Einl. Kap. 13 Rdnr. 99; *Eb. Schmidt,* Lehrkommentar Teil 1, Rz 403; *Kleinknecht,* § 169 GVG Rdnrn. 3 f.

[3] So BGHSt 2, 56 (57); 5, 75 (83); OLG Bremen MDR 1955, 757; OLG Düsseldorf JMBl NRW 1963, 215 und 1966, 24. *Peters,* Strafprozeß, S. 483; *Rohde,* S. 7 m. w. Nachw.

[4] RG JW 1938, 1046.

[5] *Rohde,* S. 8.

öffentlichkeit kaum ermöglicht. Es verwundert daher auch wenig, wenn einerseits die Zahl der an einer Gerichtsverhandlung teilnehmenden Zuschauer nach der (meist geringen) räumlichen Kapazität des Gerichtssaals bemessen wird[6], andererseits aber — wie aus aktuellem Anlaß unlängst wieder deutlich wurde — allgemein interessierende Prozesse in größere Säle, als sie innerhalb des Gerichtsgebäudes zur Verfügung stehen, verlegt werden[7].

Als vollends unbrauchbar erwies sich jenes Öffentlichkeitsverständnis schließlich, als — begünstigt durch den technischen Fortschritt und das wachsende publizistische Interesse an sensationsträchtigen Strafprozessen — Reporter sich anschickten, das Geschehen aus dem Gerichtssaal mittels Ton-, Film- und Bildaufnahmen einem breiten Publikum zugänglich zu machen[8]. Der von juristischer Seite als Mißstand empfundenen Situation begegnete man zunächst mit interpretatorischen Mitteln. Der Öffentlichkeitsgrundsatz — so wurde argumentiert — beschränke sich auf die „unmittelbare" Öffentlichkeit. Er berechtige zur räumlichen Anwesenheit unbeteiligter Dritter im Gerichtssaal; er schließe aber die „mittelbare" Öffentlichkeit, d. h. also jenen Personenkreis, der dem Verhandlungsgeschehen im Gerichtssaal selbst nicht beiwohnt, sondern durch Anwesende hiervon in Kenntnis gesetzt wird, grundsätzlich aus[9]. Gestützt auf diese Begründung wurden bis zur Einführung des § 169 S. 2 GVG Rundfunk und Fernsehen als von § 169 S. 1 GVG nicht erfaßte Formen justizieller Öffentlichkeit qualifiziert und entsprechende Aufnahmen während der Hauptverhandlung für unzulässig befunden[10].

Obwohl die Unterscheidung von „unmittelbarer" und „mittelbarer" Öffentlichkeit seit dem Inkrafttreten des § 169 S. 2 GVG weitgehend überflüssig geworden ist, hat sie ihren Platz in der juristischen Termi-

---

[6] Zu Maßnahmen wegen Überfüllung des Gerichtssaales vgl. RGSt 54, 225 (227); RG Recht 22, Nr. 691; RG LZ 22, Sp. 167; RG LZ 24, Sp. 703; RG GA 53, 444.

[7] Gemeint ist hier der sog. Lebach-Prozeß, der im Sommer 1970 in der Saarbrücker *Kongreßhalle* stattfand. Zur Problematik der Verlegung von Strafprozessen in große Säle vgl. *Rohde*, S. 98; *Seibert*, NJW 1970, 1356; ferner *Kohlhaas*, DRiZ 1956, 3, der die Auffassung vertritt, daß eine Verhandlung ebenso in einem Raum mit zwanzig Sitzplätzen wie in einem mit sechshundert Plätzen stattfinden könne. Vgl. demgegenüber jedoch *Roxin*, Festschrift für Peters, S. 400: „Die zulässige Grenze der Öffentlichkeit" liege „in der Fassungskraft der Gerichtssäle" — (was gegen die Verlegung in Stadthallen etc. spricht).

[8] Die Problematik wurde erstmals in den Jahren nach 1930 ausführlich erörtert; siehe *Schuckert*, S. 22 ff.; *Beese*, S. 65 f.; *Gerland*, ZStrW 55 (1943), 678 ff.

[9] Vgl. dazu FN 2.

[10] *Eb. Schmidt*, Publicity, S. 338 f.; *Dahs*, NJW 1961, 1756; *Bertram*, DRiZ 1956, 127; BGHSt 10, 202 (205); BGHSt 16, 111 (113).

nologie behauptet[11]. Es wäre jedoch verfehlt, daran anzuknüpfen und — unter Berufung auf den Ausschluß der „mittelbaren" Öffentlichkeit — fotografische Aufnahmen im Gerichtssaal für unzulässig zu erklären; denn das Begriffspaar „unmittelbar/mittelbar" ist zur Abgrenzung von zulässiger und unzulässiger Gerichtsöffentlichkeit ohne Erkenntniswert[12].

Hält man nämlich an der Definition fest, nach welcher „mittelbare" Öffentlichkeit die Summe derer ist, die ihre Kenntnis über Vorgänge im Gerichtssaal nicht aus eigener Anschauung beziehen, so fällt unter den Begriff auch die durch Vervielfältigung von Zeichnungen oder handschriftlichen Aufzeichnungen hergestellte Öffentlichkeit. Konsequenterweise müßte dann auch das Zeichnen und das Anfertigen von Notizen im Gerichtssaal untersagt werden — eine Forderung, die, im Ergebnis zu Recht, niemand erhebt.

Derartige Widersprüche machen offenkundig, daß es sich bei der Klassifizierung in „mittelbare" und „unmittelbare" Öffentlichkeit um nichts anderes als um ein begriffsjuristisches Vehikel zur Eliminierung unerwünschter Formen der Gerichtsöffentlichkeit handelt[13], wobei allerdings unklar bleibt, weshalb beispielsweise Presseberichte zulässig, die Sendung von Rundfunkaufzeichnungen dagegen unzulässig sein sollen. Der Begriff der „mittelbaren" Öffentlichkeit gibt daher auch keinen Aufschluß über die hier interessierende Frage der Zulässigkeit oder Unzulässigkeit von Bildberichterstattungen. Hierfür ist es vielmehr erforderlich, sich zunächst einer Analyse über die Struktur des Begriffes „öffentlich" — wie ihn § 169 S. 1 GVG voraussetzt — *selbst* zuzuwenden.

II. Zur Struktur des Begriffes „öffentlich"

Der Versuch, das Adjektiv „öffentlich" zu definieren, stößt auf Schwierigkeiten. Legt man den allgemeinen Sprachgebrauch zugrunde, so eröffnet sich ein nuancenreiches Spektrum möglicher Bedeutungen, die sich im Verlauf der sprachgeschichtlichen Entwicklung jenes Wortes herausgebildet haben[14]. Seine beiden Pole erklären sich zum einen aus der „Weiterbildung des Adjektivs offen" im Sinne eines Offenbar-, Bekannt- oder Zugänglichseins[15]. Zum anderen liegt dem Wort die zu Beginn des achtzehnten Jahrhunderts übernommene „lateinisch-roma-

---

[11] So z. B. BGH NJW 1970, 63.
[12] Vgl. *Rohde*, Öffentlichkeit, S. 70.
[13] Ähnlich *Rohde*, S. 18.
[14] Vgl. dazu die ausführliche Darstellung bei *Martens*, S. 22 ff.; ferner auch *Smend*, Festschrift für W. Jellinek, S. 11 ff.
[15] *Scholler*, S. 74; *Martens*, S. 22 ff.; *Rohde*, S. 5; *Smend*, Staatsrechtl. Abhandlungen, S. 463; *Plessner*, S. 6.

nische"[16] Bedeutung publicus (public/publique) zugrunde, die, gleich dem deutschen „gemein", Angelegenheiten des Staates — im Gegensatz zu privaten — bezeichnet[17]. Für den Fortgang dieser Untersuchung kann das letztgenannte Öffentlichkeitsverständnis jedoch außer Betracht bleiben, da § 169 S. 1 GVG nicht das Ziel verfolgt, die im Verfassungsrecht begründete und abgesicherte Staatlichkeit der Justiz[18] nochmals hervorzuheben[19]. Aber auch der auf seinen ursprünglichen Sinn von „offen" reduzierte Ausdruck ist zu ambivalent, als daß er ohne weiteres eine justitiable Definition zuließe. „Öffentlich" deckt — um nur die hier interessierenden Bedeutungen zu nennen[20] — sowohl die tatsächliche Zugänglichkeit als auch die sinnliche Wahrnehmbarkeit[21]. Da letztere aber nicht notwendig Anwesenheit voraussetzt, sondern auch technisch vermittelt werden kann, ließe sich beispielsweise die Presse sowohl unter den Öffentlichkeitsbegriff subsumieren als auch unter Berufung auf ihn ausschließen.

Ungeachtet des im Hinblick auf eine praktische Entscheidung wenig fruchtbaren Resultats geben die Beispiele wichtigen Aufschluß über die logische Struktur des Begriffs „öffentlich". Er erschöpft sich nämlich nicht in der bloßen Beschreibung eines Zustandes, sondern bezeichnet darüber hinaus „eine ganz spezifische Relation" zu einer Mehrheit von Personen[22]. Diese Personenbezogenheit findet sichtbaren Ausdruck in der Substantivierung des Adjektivs „öffentlich". „Öffentlichkeit" bezeichnet in Übereinstimmung mit dem allgemeinen Sprachgebrauch und der einschlägigen Terminologie in den Sozialwissenschaften nicht nur die Eigenschaft eines Gegenstandes, sondern auch den Personenkreis, für den er zugänglich bzw. wahrnehmbar ist. Es erweist sich deshalb für das Verständnis des Begriffes „öffentlich" als unerläßlich, den Adressatenkreis in die Definition einzubeziehen[23]. Aber auch dann noch entzieht sich der Begriff einer ein für allemal gültigen und allgemeinen Bestimmbarkeit, da es *die* Öffentlichkeit im Sinne eines feststehenden Personenkreises nicht gibt[24]. Dies mag ein flüchtiger Blick auf einige Vorschriften aus dem Strafrecht veranschaulichen, die „öffentlich" als Tatbestandsmerkmal enthalten.

---

[16] *Scholler*, S. 74.
[17] *Scholler*, S. 74; *Rohde*, S. 5; *Martens*, S. 25 ff.
[18] Vgl. Art. 20 Abs. 2 GG.
[19] Ähnlich *Rohde*, S. 5; *Wettstein*, S. 35.
[20] Wie *Martens*, S. 42 f. herausgearbeitet hat, steht „öffentlich" darüber hinaus auch für „Teilnahme-, Mitwirkungs- und/oder Benutzungsmöglichkeiten"; vgl. die zahlreichen Beispiele ebd., FN 4 und 5.
[21] *Martens*, S. 42.
[22] *Martens*, S. 42.
[23] *Martens*, S. 46.
[24] *Martens*, S. 48.

II. Zur Struktur des Begriffes „öffentlich"

So wird eine Menschenmenge, die sich zusammenrottet (§§ 124, 125 StGB), nicht schon dadurch „öffentlich", daß sie — wie es allerdings für § 183 StGB genügen würde[25] — von unbestimmt vielen Personen wahrgenommen werden kann[26]; sie erfüllt das Merkmal erst, wenn eine größere, für weitere Beteiligungen offene „Anzahl von Personen auf Grund ausdrücklicher oder stillschweigender Verabredung zur Ausführung eines bestimmten Zweckes zusammentritt"[27]. Einen anderen Personenkreis als die soeben zitierten Vorschriften spricht § 284 StGB an, wonach ein Glücksspiel sogar in „geschlossenen Gesellschaften" öffentlichen Charakter annehmen kann[28]. Hiervon wiederum unterscheiden sich die in den §§ 186 ff. StGB gebrauchten Begriffe der öffentlichen Meinung bzw. des öffentlichen Lebens etc.[29]. Diese Beispiele ließen sich, auch auf andere Rechtsgebiete erstreckt, in beinahe beliebiger Zahl fortsetzen[30]; sie alle bezeichnen einen spezifischen Personenkreis, der in der Regel niemals mit dem Adressatenkreis einer anderen Vorschrift identisch ist. Das bedeutet, daß „Öffentlichkeit", gemeint als Personenkreis, im Hinblick auf die ihr entsprechende Publizitätsnorm jeweils eigenständig bestimmt werden muß[31].

Nachdem oben festgestellt worden ist, daß zur Auslegung einer Publizitätsnorm auf den Adressatenkreis abgestellt werden muß, scheint der abermalige Rekurs auf die Norm nicht nur in einen Zirkelschluß zu münden, sondern obendrein noch eine begriffslogische Divergenz auszulösen. Denn die Frage, welche Öffentlichkeit (welches Publikum) ein Gesetz meint, ist teleologischer Art; sie projeziert das Problem auf die Ebene der Normativität. Öffentlichkeit in dem bisher gebrauchten Sinne — als Zustand wie als Personenmehrheit — ist aber ein empirischer, rechtstheoretisch gesehen deskriptiver, nämlich ein soziales Faktum bezeichnender Begriff, dessen Inhalt nicht aus dem jeweiligen Gesetzeszweck bestimmt, sondern empirisch festgestellt wird[32].

Die vermeintlich sachlichen Zweifel erweisen sich bei näherem Zusehen jedoch als bloße „terminologische Differenz"[33]. In der hier ange-

---

[25] Hierzu *Marx*, JZ 1972, 112 ff.
[26] Dazu *Schönke / Schröder*, § 124 Rdnr. 8.
[27] RGSt 51, 422 f.
[28] Vgl. § 284 Abs. 2 StGB.
[29] Dazu *Schönke / Schröder*, § 186 Rdnr. 5.
[30] Siehe FN 20.
[31] Vgl. *Martens*, S. 48: „Eine genauere quantitative und qualitative Analyse des jeweiligen Passivsubjekts einer Publizitätsvorschrift (kann) nur unter Berücksichtigung des jeweiligen Publizitätsobjekts und darauf begrenzt vorgenommen werden"; denn Öffentlichkeit ist — so *Hofstätter*, S. 80 — „dem Begriff nach offen".
[32] *Martens*, S. 43. Zur Frage des Unterschieds zwischen deskriptiven und normativen Begriffen vgl. *Engisch*, Festschrift für Mezger, S. 127 ff., insbes. S. 143 ff.
[33] *Martens*, S. 44.

sprochenen Bedeutung ist der Begriff „Öffentlichkeit" in der Tat normativer Natur[34]. Er steht synonym für die Garantie bestimmter, mit der jeweiligen Publizitätsnorm verfolgter Wertvorstellungen[35]. Sein Verhältnis zu „Öffentlichkeit" als empirisch-faktischem Begriff läßt sich mit *Krüger* wie folgt beschreiben: „Für die Erkenntnis des Begriffes ‚Öffentlichkeit' ist es entscheidend, daß beide Bedeutungen zusammengehören, und zwar in dem Sinne, daß die Herbeiführung der *faktischen* Öffentlichkeit zugleich die Verwirklichung der *normativen* Öffentlichkeit gewährleistet[36]."

Reduziert man den Begriff der „Öffentlichkeit" wiederum auf seine — in der Mehrzahl der Publizitätsnormen vorkommende — grammatikalische Form als Adjektiv, so ändert dies nichts an seiner soeben dargestellten Struktur; nunmehr ist es jedoch möglich, die dem Öffentlichkeitsbegriff innewohnende Dialektik sichtbar zu machen: Der Begriff „öffentlich" umfaßt sowohl die faktische Öffentlichkeit als Verwirklichung der normativen, als auch die normative Öffentlichkeit als Legitimation der faktischen.

III. Die Konsequenzen für die Auslegung des § 169 S. 1 GVG

Aus der Erkenntnis der den einzelnen Publizitätsnormen innewohnenden Dialektik ergibt sich für die Auslegung des § 169 S. 1 GVG — und damit für die Prüfung seiner Erstreckung auf die Bildpresse — folgende Ausgangsüberlegung:

Von der Bildpresse als faktischer (Gerichts-)Öffentlichkeit kann nur dann gesprochen werden, wenn sie zugleich der Verwirklichung der normativen (Gerichts-)Öffentlichkeit dient. Das bedeutet: die Bildpresse muß, um als faktische Öffentlichkeit i. S. d. § 169 S. 1 GVG qualifiziert werden zu können, sich in ihren normativen Zielsetzungen mit denen des Öffentlichkeitsprinzips — zumindest partiell — decken.

Demgemäß ist *erstens* der Wert, den die Öffentlichkeit als normative Kategorie in Gestalt der Gerichtsöffentlichkeit repräsentiert, anhand ihrer Funktion im Strafverfahren zu ermitteln[37] und — *zweitens* — die Funktion der Bildpresse hierzu in bezug zu setzen[38]. Bei der Klärung dieser Frage gilt es jedoch zu berücksichtigen, daß das Öffentlichkeitsprinzip — wie jedes andere Rechtsinstitut auch — seine

---

[34] Den Doppelcharakter der Öffentlichkeit als deskriptiver und normativer Begriff heben auch *Krüger*, Staatslehre, S. 443 und *Smend*, Festschrift für W. Jellinek, S. 17 hervor.
[35] Siehe FN 33 und 34.
[36] *Krüger*, S. 443 (Hervorhebungen im Original). Zu den Begriffen „faktische" und „normative" Öffentlichkeit vgl. auch *Smend*, S. 17.
[37] Unten § 2.
[38] Unten § 3.

III. Die Konsequenzen für die Auslegung

Grenze dort findet, wo es mit höherrangigen Rechtswerten kollidiert. Es erhebt sich deshalb schließlich *drittens* die Frage, ob die Bildaufnahme im Gerichtssaal derart in die Rechtssphäre des — hier allein interessierenden — Angeklagten eingreift, daß demgegenüber der Wert, den die Bildpresse als mögliche Adressatin des § 169 S. 1 GVG verkörpert, zurückstehen muß[39].

Damit ist der Weg vorgezeichnet, den die Untersuchung im folgenden zu beschreiten hat.

---

[39] Unten § 4.

§ 2. Die Funktion der Öffentlichkeit im Strafverfahren

I. Das tradierte Öffentlichkeitsverständnis: Öffentlichkeit als Garantin der Gerechtigkeit

1. Die Bedeutung des tradierten Öffentlichkeitsverständnisses in der gegenwärtigen Diskussion

Als sich um die Mitte des neunzehnten Jahrhunderts das reformierte Verfahren in der Partikulargesetzgebung der deutschen Einzelstaaten weitgehend durchgesetzt hatte[1], begrüßte man die mit ihm eingeführte Öffentlichkeit des Strafprozesses allgemein[2] als Sieg der Gerechtigkeit über die Willkür des unter der Maxime der Heimlichkeit durchgeführten gemeinrechtlichen Inquisitionsprozesses[3]. Gewähr eines gerechten Urteils war wenig später — im Jahre 1877 — auch die tragende Prämisse, unter der die Diskussion um das Öffentlichkeitsprinzip in den Beratungen der XI. Kommission des Reichstages zur Vorbereitung des Gerichtsverfassungsgesetzes geführt wurde[4].

Bald nach seiner gesetzlichen Fixierung im GVG begegnete das Öffentlichkeitsprinzip jedoch einer Skepsis, die bereits im Jahre 1888 ihren ersten positiv-rechtlichen Niederschlag fand[5]. Der neu eingeführte § 173 Abs. 2 GVG[6] eröffnete die Möglichkeit, die im Gerichtssaal anwesenden Zuschauer während der Dauer der Urteilsbegründung auszuschließen. Diesem Gesetz folgten mit § 48 JGG[7] (Nichtöffentlichkeit in Jugendstrafsachen), § 172 GVG[8] (Nichtöffentlichkeit bei Besorgnis der Gefährdung von öffentlicher Ordnung etc.), § 171 a GVG[9] (Nichtöffentlichkeit in Unterbringungssachen) und § 169 S. 2 GVG[10] (Verbot bestimmter technischer Übertragungen) weitere, das Öffentlichkeitsprinzip einschränkende Normen. Weniger auffällig, gleichwohl aber für die

---

[1] Vgl. dazu *Rohde*, S. 58 f.
[2] Zu den Gegnern des öffentlichen Verfahrens vgl. *Alber*, S. 107 ff.
[3] Vgl näher unten S. 3.
[4] Vgl. *Hahns* Materialien, 2. Aufl. I 1, S. 327 ff.
[5] Ausführlich *Rohde*, S. 65 ff.
[6] Vom 5. 4. 1888.
[7] Vom 16. 2. 1923.
[8] Vom 9. 3. 1932.
[9] Vom 24. 11. 1933; (geändert durch Art. 326 V Nr. 3 Buchst. c EGStGB).
[10] Vom 19. 12. 1964.

I. Garantin der Gerechtigkeit

rechtspolitische Tendenz bezeichnend, waren die — aus Gründen parlamentarischer Mehrheitsverhältnisse nicht Gesetz gewordenen[11] — Reformbestrebungen der Jahre 1908/1909 und 1919/1920, die auf einen Ausschluß der Öffentlichkeit in Beleidigungssachen (§§ 185 - 187 und 189 StGB) abzielten[12]. Überspitzt formuliert, könnte man deshalb die Geschichte des Öffentlichkeitsprinzips als die seiner steten Einschränkung bezeichnen.

Eine erste und vorläufige Betrachtung dieser Vorgänge legt den Schluß nahe, daß die Öffentlichkeit als Garantin der Gerechtigkeit verstanden, auf einer Überschätzung der ihr zugeschriebenen Funktion beruht; andernfalls müßte dem Maß ihrer Einschränkung ein gleiches an Verlust der Gerechtigkeit einhergegangen sein. Das aber bedeutete, daß beispielsweise das nichtöffentliche Jugendgerichtsverfahren weniger gerecht wäre als das öffentliche Verfahren gegen Erwachsene — eine Konsequenz, deren Richtigkeit niemand ernsthaft behaupten wird.

Angesichts des vorstehenden Befundes erscheint eine Diskussion über die Bedeutung der Öffentlichkeit als Garantin der Gerechtigkeit allenfalls von historischem Wert. Diesen Eindruck vermittelt — flüchtig betrachtet — auch die Entwicklung in der höchstrichterlichen Rechtsprechung. Wie *Rohde* nachgewiesen hat, wird der Öffentlichkeit letztmals in einer Entscheidung des Reichsgerichts aus dem Jahre 1943 ausdrücklich die Funktion zuerkannt, die Gewähr für ein gerechtes Urteil zu bieten[13].

Es wäre allerdings voreilig, daraus den Schluß zu ziehen, daß dieser Gedanke in neuer Zeit auch tatsächlich aufgegeben worden sei. Rechtsprechung und Rechtslehre haben bis in die Gegenwart hinein der Gerichtsöffentlichkeit einen eigenständigen, von anderen mit ihr verbundenen Zielsetzungen unabhängigen Wert beigemessen, nämlich den, der ihr „aus den politischen Forderungen des 19. Jahrhunderts"[14] erwachsen ist. In diesem Rückgriff auf die Historie und ihrer ausdrücklichen Wertschätzung findet, wie unschwer zu erkennen ist, das in der

---

[11] *Kern,* Geschichte, S. 154.

[12] Der Entwurf des Reichsjustizministers aus dem Jahre 1920 stellte schließlich folgende Änderung zur parlamentarischen Diskussion: „In Strafsachen kann das Gericht, sofern kein öffentliches Interesse entgegensteht, die Öffentlichkeit für die Verhandlung oder einen Teil der Verhandlung ausschließen, wenn es annimmt, daß sich die Verhandlung auf persönliche, häusliche oder Familienverhältnisse erstrecken wird, deren Erörterung in öffentlicher Verhandlung eine durch den Zweck des Strafverfahrens nicht gebotene Härte bedeutet" (zit. nach *Rohde,* S. 67).

[13] *Rohde,* S. 101; RGSt 77, 186 (187); vgl. früher schon RGSt 18, 138 (140).

[14] So ausdrücklich BGHSt 9, 280 (282); vgl. ferner BGHSt 2, 56 (57), der die Öffentlichkeit als „alte demokratische Forderung" bezeichnet; vgl. auch *Ad. Arndt,* NJW 1960, 424. *Arndt* sieht die Frage des Wertes, „den die Gerichtsöffentlichkeit für Wahrheit und Recht des Urteils" hat, als keineswegs gelöst an; ferner *Sprenger,* S. 111.

Sache lebendig gebliebene ursprüngliche Wertverständnis der Gerichtsöffentlichkeit sichtbaren Ausdruck. Es erscheint daher angezeigt, das tradierte Öffentlichkeitsverständnis in seiner historischen Entwicklung nachzuzeichnen und es — unter veränderten geschichtlichen Bedingungen — auf seine Verbindlichkeit für die Gegenwart hin zu untersuchen.

2. Die geistesgeschichtlichen Grundlagen

a) Die rechtsphilosophische Begründung

Das tradierte Öffentlichkeitsverständnis hat in der rechtsphilosophischen Begründung *Kants* seine „theoretisch ausgereifte Gestalt"[15] gefunden. Im Anhang seiner Schrift „Zum ewigen Frieden" schreibt *Kant:* „Alle auf das Recht anderer Menschen bezogenen Handlungen, deren Maxime sich nicht mit der Publizität verträgt, sind unrecht." Reziprok hierzu heißt es in der gleichen Schrift wenig später: „Alle Maximen, die der Publizität bedürfen (um ihren Zweck nicht zu verfehlen), stimmen mit Recht und Politik vereinigt zusammen[16]."

Während *Kant* der Öffentlichkeit noch an früherer Stelle lediglich die Funktion einer „pragmatischen Wahrheitskontrolle"[17] zugewiesen[18] hat, erhebt er sie nunmehr zum „Prinzip der Rechtsordnung"[19] schlechthin. Dieses Öffentlichkeitsverständnis gründet in seiner Philosophie der Aufklärung. Die Befreiung des Menschen aus seiner selbstverschuldeten Unmündigkeit erfordert, so lautet die These der berühmten Abhandlung, „von seiner Vernunft in allen Stücken *öffentlichen Gebrauch* zu machen"[20]. Indem aber der einzelne, seine Vernunft öffentlich gebrauchend, sich an ein Publikum wendet — und jedermann ist dazu aufgerufen[21] — greift er in den Machtbereich der öffentlichen Gewalt ein,

---

[15] *Habermas,* S. 127.
[16] *Kant,* Werke VI, S. 468 ff.
[17] *Habermas,* S. 133.
[18] In der „Kritik der reinen Vernunft" heißt es: „Der Probierstein des Fürwahrhaltens, ob es Überzeugung oder bloße Überredung sei, ist also äußerlich die Möglichkeit, dasselbe mitzuteilen und das Fürwahrhalten für jedes Menschen Vernunft gültig zu befinden" (Werke III, S. 550).
Vgl. in diesem Zusammenhang auch *Fichte,* Naturrecht, S. 165: *Fichte* mißt der Öffentlichkeit den Charakter einer Kontrollinstanz für die Logik — und damit für die Gerechtigkeit — staatlichen Handelns bei; eine Entscheidung der Staatsgewalt ist — so *Fichte* — nur dann gerecht, wenn sie nicht im Widerspruch zu einer „zum unverbrüchlichen Gesetz" gewordenen Handlung steht, andernfalls würde sie sogleich als Unrecht erkannt werden.
[19] *Habermas,* S. 128.
[20] *Kant,* Werke IV, S. 170.
[21] Obwohl *Kant* unter öffentlichem Gebrauch der Vernunft denjenigen versteht, „den jemand als Gelehrter ... vor dem ganzen Publikum der Leserwelt macht" (Werke IV, S. 171), so steht er doch der Idee nach jedem offen, denn jeder ist zum Publizisten berufen, der „durch Schriften zum

die gemäß dem absolutistischen Grundsatz „auctoritas non veritas facit legem", in der Person des Fürsten monopolisiert ist[22]. Der vordem in die Sphäre des Privaten abgedrängte, politisch unbeachtliche Gebrauch der Vernunft, tritt damit an die Stelle des in Gestalt persönlicher Herrschaft ausgeübten Zwangs mit der Folge, „daß einzig Vernunft Gewalt hat"[23]. Ein jeder muß deshalb, „was allgemeine Menschenpflicht betrifft, durch Vernunft überzeugt" sein, „daß dieser Zwang rechtmäßig sei, damit er nicht mit sich selbst in Widerspruch gerate"[24].

Öffentlichkeit als Sphäre, in der sich die Vernunft verwirklicht, wird damit zur Bedingung, unter der allein ein Volk seine Angelegenheiten regeln kann. *Kants* Satz — „Was ein Volk über sich selbst nicht beschließen kann, das kann der Gesetzgeber auch nicht über das Volk beschließen"[25] — ergibt unter diesem Aspekt fortgedacht, daß der Gesetzgeber *gerechterweise* nichts vorschreiben kann, das nicht vorher der Publizität unterworfen gewesen ist.

b) Der bürgerliche Liberalismus

Das wirtschaftlich aufstrebende Bürgertum des frühen 19. Jahrhunderts bildete die gesellschaftliche Voraussetzung, ohne die *Kants* Publizitätsforderung politisch folgenloses Räsonieren geblieben wäre. Als Träger des Anspruchs auf Publizität staatlichen Handelns stand es freilich schon auf dem Höhepunkt einer Entwicklung, deren unpolitische Anfänge auf die literarischen Zirkel, Tischgesellschaften, Salons, Theater etc. des 18. Jahrhunderts zurückgingen[26]. Hier fanden sich die durch Besitz und Bildung ausgewiesenen Privatleute zu einem Publikum zusammen, dessen Interesse sich vornehmlich auf Gegenstände der Kunst und Kultur konzentrierte. Es entstand ein Forum, das trotz seiner elitären Exklusivität über die Sphäre des Privaten hinausging; denn indem die Kunst- und Kulturgüter sich einen Markt erschlossen und Bücher, Theater, Konzerte etc. allgemein zugänglich wurden, befand sich jeder, der als Leser, Hörer oder Zuschauer davon Gebrauch machte, im Kreis derer, die der gleichen Diskussionsgegenstände teilhaftig wurden. Der allgemeine Zugang zu den Werken der Kunst und Kultur befähigte somit nicht nur jedermann, sofern er durch Besitz und Bil-

---

eigentlichen Publikum, nämlich der Welt" spricht (Werke IV, S. 172; vgl. hierzu *Habermas*, S. 131).

[22] *Habermas*, S. 128; vgl. auch *Negt / Kluge*, S. 29: „Der absolutistische Staat hält die Öffentlichkeit besetzt."
[23] Vgl. *Habermas*, S. 128.
[24] *Kant*, Werke IV, S. 389.
[25] *Kant*, Werke IV, S. 389.
[26] Zur Entwicklung der politischen Öffentlichkeit aus der literarischen Öffentlichkeit vgl. *Habermas*, S. 44 ff.

dung in der Lage war, in diesen Kreis aufgenommen zu werden, sondern bildete zusammen mit der prinzipiellen Offenheit[27] des Publikums, dem — der Idee nach — jeder mit Talent, Fleiß und Glück angehören konnte, zugleich auch die Voraussetzung des Entstehens einer kulturellen Öffentlichkeit, deren Träger die „zum Publikum versammelten Privatleute"[28] darstellten.

Der Schritt von der kulturellen zur politischen Öffentlichkeit vollzog sich mit dem Anwachsen der wirtschaftlichen Bedeutung des Bürgertums. Der in der Hand der Privatleute liegende, zugleich aber auch für den Staat relevante Warenverkehr führte zu einer Polarisierung zwischen Bürgertum und obrigkeitlicher Gewalt[29]. Einen Ausgleich auf der Basis der Etablierung des Bürgertums als Herrschaftsstand bzw. der „Abgrenzung von Herrenrechten"[30] herbeizuführen war jedoch nicht möglich, da sich der privatrechtlich organisierte Warenverkehr gerade losgelöst von jeglicher Staatsgewalt verstand[31]. Der durch die politische Öffentlichkeit manifestierte Machtanspruch der zum Publikum versammelten Privatleute verkörperte daher auch nicht staatliche, sondern sie kontrollierende gesellschaftliche Macht auf der Grundlage einer strikten Trennung von Staat und Gesellschaft[32].

Jener Anspruch, staatliche Politik dem Forum der Öffentlichkeit, d. i. der kritischen Vernunft räsonierender Privatleute zu unterwerfen, beruht auf der Vorstellung, daß der Austausch der Argumente analog dem freien Verkehr der Waren vonstatten gehe und kraft der ihm immanenten Rationalität die Richtigkeit und damit die Gerechtigkeit einer nach diesem Vorbild zustandegekommenen Politik verbürge[33]. Die Marktordnung wird dabei der Idee nach von einem freien und gewaltlosen Tauschprozeß bestimmt, in dem sich die Warenbesitzer als gleich und ohne Macht aufeinander auszuüben, gegenübertreten. Allein dem anonymen, sich frei bildenden und der Beeinflussung durch den einzelnen entzogenen Preismechanismus unterworfen, verstehen sie die Sphäre ihrer Entfaltung frei von jeglicher Herrschaft und Gewalt[34]. An die Stelle des auf Autorität beruhenden staatlichen Handelns tritt die gewaltlose „Ermittlung des Richtigen und Gerechten"[35]. Bürgerliche

---

[27] *Habermas*, S. 53.
[28] *Habermas*, S. 74.
[29] *Habermas*, S. 42.
[30] *Habermas*, S. 42.
[31] *Habermas*, S. 43.
[32] *Habermas*, S. 45 und 155; *Rohde*, S. 92.
[33] *Rohde*, S. 98; *Ellwein*, S. 83 f.; *Krüger*, S. 441; *Martens*, S. 52; *Fraenkel*, Deutschland, S. 14.
[34] *Habermas*, S. 101 f.
[35] *Rohde*, S. 95.

Öffentlichkeit läßt sich daher der Idee nach als Instanz begreifen, die politische Autorität in rationale und damit gerechte Politik überführt, indem sie den Staat mit den Bedürfnissen der Gesellschaft vermittelt[36].

3. Die historische Entwicklung der Gerichtsöffentlichkeit und ihr Bezug zu den geistesgeschichtlichen Grundlagen

Die Forderung nach Öffentlichkeit des Gerichtsverfahrens erhob erstmals *Ernst Ferdinand Klein* im Jahre 1780[37]. Es verging jedoch noch ein viertel Jahrhundert, ehe sie endgültig Eingang in die politische und rechtswissenschaftliche Diskussion fand[38]. Dann allerdings erlangte sie eine geradezu beherrschende Stellung in den Auseinandersetzungen um die Reform des Strafverfahrens. Im Jahre 1818 schrieb der Kölner Jurist *Brewer*: „Alles, alles drängt sich zu den Füßen des Thrones, um zu bitten für die Erhaltung der Öffentlichkeit der Gerichte[39]." Dieser Ausspruch läßt den Nachdruck erkennen, mit dem die erste große Auseinandersetzung um die Gerichtsöffentlichkeit geführt wurde. Ihren Anlaß bildete die rechtspolitische Situation in den linksrheinischen (preußischen) Provinzen, auf welche die Diskussion auch zunächst beschränkt blieb. In ihnen galt seit der französischen Annexion im Jahre 1804 französisches Recht, das die Öffentlichkeit des Strafverfahrens bereits seit der Revolution von 1789 kannte[40].

Als Preußen, das nach dem Wiener Kongreß u. a. die (französischen) Gebiete links des Rheins zugesprochen bekam, sich anschickte, im Rheinland eine allgemeine Rechtsvereinheitlichung durchzuführen, drohte die Öffentlichkeit des Strafverfahrens den Reformbestrebungen zum Opfer zu fallen. Die daraufhin einsetzende, leidenschaftlich geführte Verteidigung der Gerichtsöffentlichkeit[41] blieb nicht ohne politisches Ergebnis. Im Jahre 1818 veröffentlichte die 1816 vom preußischen Kanzler *Hardenberg* einberufene, mit der Prüfung der Vor- und Nachteile des französischen Rechts beauftragte „Königliche Rheinische Immediat-Justizkommission" ihr Gutachten über das „öffentliche und mündliche Verfahren in Civilsachen"[42]. Das fünfköpfige Gutachtergremium ent-

---

[36] *Habermas*, S. 46.
[37] *Ernst Ferd. Klein*, Gedanken von der öffentlichen Verhandlung der Rechtshändel; vgl. dazu *Schiff*, S. 27 ff.
[38] Vgl. *Schiff*, S. 27: „Mangels Interesse ist sie (die Schrift *Kleins*) jedoch fast gänzlich unbeachtet geblieben."
[39] *Brewer*, S. 95.
[40] *Wettstein*, S. 19.
[41] Literarisch fand diese Diskussion ihren Niederschlag in dem 1817 in Köln gegründeten Niederrheinischen Archiv für Gesetzgebung, Rechtswissenschaft und Rechtspflege. Einen Überblick über den damaligen Streitstand gibt *Fögen*, S. 14 f.
[42] *Fögen*, S. 17.

schied darin einstimmig, die Öffentlichkeit beizubehalten[43]. In den linksrheinischen Gebieten Preußens fand der Streit damit politisch ein Ende.

Anders verlief dagegen die Entwicklung in den übrigen Gebieten der deutschen Einzelstaaten. Dort setzte die politische und wissenschaftliche Diskussion um die Gerichtsöffentlichkeit erst nach Abschluß der linksrheinischen Reformen ein. Sie fand in *Mittermaier, Feuerbach, Puchta, Böhmer, Zentner, v. Jaegmann, Leue, Abegg, Hepp, Molitor, Zachariae*, um nur einige zu nennen[44], namhafte Verfechter, bevor sie sich schließlich unter dem politischen Druck der Märzrevolution des Jahres 1848 in der Gesetzgebung der deutschen Einzelstaaten durchzusetzen begannen[45].

Während die Auseinandersetzungen im Rheinland noch weitgehend von dem pragmatischen Bestreben getragen waren, ein „den rheinländischen Juristen und dem Volk liebgewordenes Institut des französischen Prozesses"[46] gegen die wachsende Einflußnahme preußischer Restaurationspolitik zu verteidigen, verstand man Gerichtsöffentlichkeit nunmehr als eine zeitgeschichtliche Notwendigkeit. Bereits in der Einleitung zu seinen „Betrachtungen über die Oeffentlichkeit und Muendlichkeit der Gerechtigkeitspflege" schildert *Feuerbach* das „Verlangen nach Oeffentlichkeit" als Ausdruck des „Geist(es) unserer Zeit"[47]. Daß diese Einschätzung für die gesamte Diskussion während der ersten Hälfte des 19. Jahrhunderts gültig blieb, beweist *Mittermaiers* 1845 erschienene Schrift über die „Oeffentlichkeit und das Geschworenengericht"[48]. Dort heißt es: „Je mehr bei einem Volke der Sinn für oeffentliche Angelegenheiten belebt ist, ... desto mehr wird auch die Oeffentlichkeit der Strafgerichtsverhandlungen dringend geboten[49]."

Es würde zu weit führen, in eine ohnehin nur monographisch zu erschließende Untersuchung der zahlreichen Schriften einzutreten, die sich gerade in jenem Zeitraum mit der Gerichtsöffentlichkeit auseinandersetzten[50]. Die Bedeutung der *Feuerbachschen* Gedanken und ihr Einfluß auf die damalige Diskussion erlauben es, sein Werk stellvertretend für die Vielzahl die Öffentlichkeit befürwortender Stimmen

---

[43] Gleiches galt für das Strafverfahren.
[44] Vgl. zu den aufgeführten Autoren (und über sie hinaus) *Schiff*, S. 16 ff. und 44 ff.; ferner *Alber*, S. 69 ff.
[45] Vgl. auch schon Art. 178 der — freilich nie geltendes Recht gewordenen — Frankfurter Reichsverfassung von 1848; hierzu *Rohde*, S. 58.
[46] *Fögen*, S. 16.
[47] *Feuerbach*, S. 1.
[48] Der vollständige Titel lautete: Die Muendlichkeit, der Anklageprozeß, die Oeffentlichkeit und das Geschworenengericht.
[49] *Mittermaier*, S. 336.
[50] Vgl. aus der älteren Literatur *Schiff*, S. 16 ff. und 44 ff., sowie neuestens die Studien von *Alber* und *Fögen*.

heranzuziehen. Diese notwendige Beschränkung rechtfertigt sich damit, daß *Feuerbach* es bewußt vermieden hat, sich im Aufzählen und Verteidigen praktischer Nützlichkeitserwägungen der Gerichtsöffentlichkeit zu verlieren[51], mit denen sich ein Großteil der Schriften seiner Zeitgenossen befaßt, die aber für die Erhellung des geistesgeschichtlichen Hintergrundes der Öffentlichkeitsdiskussion nur von untergeordneter Bedeutung sind.

Feuerbach betrachtet die Gerichtsverfassung als einen Teil der Staatsverfassung, denn diese „aeußert nothwendig auf alle übrigen Einrichtungen im Staate ihren Einfluß"[52]. Gerichtsöffentlichkeit ist für ihn deshalb zunächst ein staatstheoretisches Problem. Folgerichtig bildet die Frage nach der Staatsverfassung, welche Öffentlichkeit erfordert, den Ausgangspunkt seiner Untersuchung[53].

Feuerbachs Gedanken über die Aufgaben einer Staatsverfassung stehen ganz unter dem Einfluß der politischen Forderungen seiner Zeit nach Freiheit und Gerechtigkeit. Zwischen beiden Prinzipien sieht er einen unauflöslichen Zusammenhang[54]; wie eine Gerechtigkeit ohne Freiheit in bloße Gewalt und Willkür mündet, ist eine Freiheit ohne Gerechtigkeit nichts anderes „als ein alles niedertretender, zuletzt sich selbst vernichtender Tyrann"[55]. Dieses Spannungsfeld zu lösen, d. h. Freiheit und Gerechtigkeit dergestalt gegeneinander abzuwägen, daß weder Willkür noch Unfreiheit herrschen, trifft „mit der hoechsten Aufgabe aller freien Staatsverfassungen, nämlich: das Recht eines Jeden gegen Jeden durch gesetzlich bestimmte aeußere Ordnung zu sichern", zusammen[56]. Diese Argumentation gründet in der Philosophie *Kants*; sie ist die staatstheoretische Konsequenz dessen, was *Kant* das „allgemeine Rechtsgesetz" nennt, nämlich so zu handeln, „daß der freie Gebrauch deiner Willkür mit der Freiheit von jedermann nach einem allgemeinen Gesetze zusammen bestehen kann"[57]. Dieses die Freiheit des einzelnen voraussetzende Postulat bedeutet auf den Staat bezogen, daß gerechtes staatliches Handeln nur möglich ist, wenn es auf dem *freien* Entschluß aller — denn staatliches Recht betrifft die „Gesamtheit des Volks, und hierdurch jeden Einzelnen"[58] — beruht, andernfalls läge bloße Willkür vor. Damit ist der Charakter jener Staatsverfassung gekennzeichnet, deren es nach *Feuerbach* bedarf, um Gerechtigkeit zu

---

[51] So auch *Cornelissen*, S. 163 und 178.
[52] *Feuerbach*, S. 9.
[53] *Feuerbach*, S. 2 ff. und 87 ff.
[54] *Cornelissen*, S. 146 f.
[55] *Feuerbach*, S. 2.
[56] *Feuerbach*, S. 2.
[57] *Kant*, Werke VII, S. 32.
[58] *Feuerbach*, S. 169.

verbürgen; es muß sich um eine *freie,* nicht auf Gewalt gegründete Staatsverfassung handeln[59].

Die Voraussetzung für eine freie Staatsverfassung sieht *Feuerbach* in der „Meinung", die — und hier zeigt sich der Einfluß der Aufklärung auf seine Argumentation — „jetzt von der Geschichte und Vernunft beleuchtet, in hellem Tageslicht" steht[60]. *Feuerbach* versteht dabei „Meinung" als den öffentlichen Gebrauch der Vernunft im *Kantschen* Sinne[61]. Öffentlichkeit wird damit zum Forum der freien, eine gerechte Staatsverfassung garantierenden Meinung, die allein „die Tragsteine und Säulen in dem Gebäude jeder Staatsverfassung" bildet[62].

Der Schritt von der staatstheoretischen Begründung der Öffentlichkeit zur Forderung nach Gerichtsöffentlichkeit erweist sich nach *Feuerbach* als logische Notwendigkeit[63]; denn neben einer freien Staatsverfassung kann für eine „Willkuehr und Gewalt beguenstigende Gerichtsverfassung" kein Raum sein[64], wenn nicht beide zueinander in Widerspruch treten sollen. Öffentlichkeit ist daher für die Garantie eines gerechten Gerichtsverfahrens ebenso Bedingung wie für eine gerechte Staatsverfassung[65].

Dem vielzitierten Satz *Feuerbachs,* Gerichtsöffentlichkeit sei geboten, weil Heimlichkeit „in jeder Beziehung der Natur der Gerechtigkeit an und für sich zuwider"[66] sei, kann deshalb auch nicht — wie *Rohde* meint — entnommen werden, daß es *Feuerbach* weniger „auf die objektive Wirkung der Oeffentlichkeit" als auf den Anschein ankomme, den ein heimliches Verfahren erweckt[67]. *Feuerbach* beschreibt in diesem Zusammenhang lediglich die psychologische Wirkung, die von einem heimlich durchgeführten Gerichtsverfahren ausgeht; es würde, selbst wenn es gerecht wäre, den Eindruck der Ungerechtigkeit hervorrufen. Dies wiederum hätte zur Folge, daß das Vertrauen in die Gerechtigkeit und diese schließlich „selbst in der öffentlichen Überzeugung" schwindet[68]. Dieser Wirkung vorzubeugen wäre — so *Feuerbach* — Grund genug, die Verfahrensöffentlichkeit zu fordern, wenn es die „allgemeinen inneren Gründe fuer die Oeffentlichkeit der Gerichte" nicht schon

---

[59] *Feuerbach,* S. 2 f.
[60] *Feuerbach,* S. 7.
[61] Vgl. oben 2 a.
[62] *Feuerbach,* S. 7.
[63] *Feuerbach,* S. 2.
[64] *Feuerbach,* S. 2.
[65] *Feuerbach,* S. 9 und 169 f.
[66] *Feuerbach,* S. 89.
[67] *Rohde,* S. 102 gegen *Smend,* Staatsrechtl. Abhandlungen, S. 467 und *Martens,* S. 51 f.
[68] *Feuerbach,* S. 92.

gäbe[69]. Die psychologische Begründung der Gerichtsöffentlichkeit hat gegenüber ihrer oben dargestellten staatstheoretischen und rechtslogischen Begründung daher nicht mehr als den Charakter einer — wenngleich auch, wie die häufige Bezugnahme darauf zu erkennen gibt, eindringlichen — Hilfserwägung.

Die geistesgeschichtliche Wurzel des *Feuerbachschen* Öffentlichkeitsverständnisses in den Ideen der Aufklärung und des bürgerlichen Liberalismus zeigt sich auch an der Zusammensetzung des Personenkreises, den *Feuerbach* als Träger der Gerichtsöffentlichkeit versteht. Die Gerichtssäle sollen „nicht Allen ohne Unterschied"[70] offenstehen, denn das Erscheinen bei Gericht ist ein *staatsbürgerliches Geschäft*"[71]. Der Kreis der zugelassenen Personen wird damit von vornherein auf diejenigen beschränkt, die „zur vollen Ausuebung aller buergerlichen Rechte" befugt sind[72]. Hierzu zählt *Feuerbach* nur diejenigen, die „durch Amt, Eigenthum oder staendiges Gewerbe ansaessig" sind[73]. Es sind dies m. a. W. die gleichen Personen, die oben als die durch Besitz und Bildung ausgewiesenen, zum Publikum versammelten räsonierenden Privatleute, also die Träger des bürgerlichen Liberalismus dargestellt worden sind[74]. Das tradierte, Gerechtigkeit verbürgende Öffentlichkeitsverständnis steht und fällt nach alledem mit der Idee des bürgerlichen Liberalismus, d. h. also mit der Idee der bürgerlichen Gesellschaft selbst.

4. Kritik des tradierten Öffentlichkeitsverständnisses

a) Bürgerlich-liberale Öffentlichkeit als Ideologie

Das Kriterium, an dem sich die Idee der bürgerlichen Gesellschaft und damit die des bürgerlich-liberalen Öffentlichkeitsverständnisses messen lassen muß, ist ihre prinzipielle Offenheit[75], denn allein sie bildet den Gegenpol zur geheimen, auf Herrschaft einzelner oder weniger ausgerichteten Arkanpolitik[76] absoluter Monarchien. Die These, daß jedermann mit Talent, Fleiß und Glück die Voraussetzungen erwerben kann, zum Publikum gezählt zu werden, hat jedoch bereits *Hegel* als bloße Fiktion entlarvt. *Hegel* erkennt die Ursache hierfür in der tiefen Spaltung der bürgerlichen Gesellschaft, welche „die von der Natur ... gesetzte Ungleichheit der Menschen ... nicht nur nicht aufhebt, sondern

---

[69] *Feuerbach*, S. 92.
[70] *Feuerbach*, S. 178.
[71] *Feuerbach*, S. 179.
[72] *Feuerbach*, S. 179.
[73] *Feuerbach*, S. 179.
[74] Siehe oben 2. b).
[75] Vgl. *Rohde*, S. 93.
[76] Vgl. zu diesem Begriff *Habermas*, S. 70 f.

... zu einer Ungleichheit der Geschicklichkeit, des Vermögens und selbst der intellektuellen und moralischen Bildung erhebt"[77]. Den Wenigen, in deren Händen sich die „Anhäufung der Reichtümer"[78] ständig vermehrt, steht die Klasse derjenigen gegenüber, die, durch Arbeit an jene gebunden, infolge „Abhängigkeit und Not" zur „Unfähigkeit der Empfindung und des Genusses der weiteren Fähigkeiten und besonders der geistigen Vorteile der bürgerlichen Gesellschaft" verurteilt sind[79]. Die These von der prinzipiellen Offenheit des zum öffentlichen Räsonnement berufenen Publikums bedeutet in der sozialen Wirklichkeit folglich den prinzipiellen Ausschluß der Lohnabhängigen aus diesem Kreis.

Damit verliert Öffentlichkeit die Basis für ihren Anspruch, Wahrheit und Gerechtigkeit staatlichen Handelns zu verbürgen; denn das Interesse der Gesellschaft, das Öffentlichkeit der Idee nach als ein *allgemeines* mit dem des Staates vermitteln soll[80], erweist sich in Wahrheit als *partikulares* der Privateigentümer[81]; es läßt die Interessenkonflikte innerhalb der in Privateigentümer und Lohnabhängige gespaltenen bürgerlichen Gesellschaft bzw. repräsentiert sie nur einseitig.

Die wirtschaftlich ausgerichteten Privateigentümer, die in erster Linie darauf bedacht sind, ihren Produkten neue Märkte zu erschließen, interessiert das Verhältnis der Öffentlichkeit zum Staat aber nur insoweit, als davon vorteilhafte Rückwirkungen auf die eigenen privaten Interessen ausgehen[82]. Öffentlichkeit ist also weder die kritische Instanz, die Politik in Moral überführt, wie *Kant* sie ihr zugeschrieben hat[83], noch ist sie das Forum, auf dem der freie Austausch der Argumente nach dem analogen Muster eines sich durch Angebot und Nachfrage selbstregulierenden Warenverkehrs (laisser faire, laisser aller) vonstatten geht[84]; Öffentlichkeit steht als Mittel der politischen Einflußnahme auf den Staat im Dienste konkurrierender Privateigentümer. *Habermas*[85] kennzeichnet diesen Zustand treffend als den Rückfall der Öffentlichkeit „auf die Stufe eines subjektiven Meinens der Vielen"[86]. Von ihrer Funktion als Garantin der Gerechtigkeit ist Öffentlichkeit damit ebensoweit entfernt wie es die Arkanpolitik des absoluten Monarchen

---

[77] *Hegel*, Rechtsphilosophie, Erläuterung zu § 200.
[78] *Hegel*, § 243.
[79] *Hegel*, § 243.
[80] Siehe oben 2. b).
[81] *Habermas*, S. 146.
[82] *Negt / Kluge*, S. 32.
[83] Siehe oben 2. a).
[84] Siehe oben 2. b).
[85] *Habermas*, S. 146.
[86] *Negt / Kluge*, S. 294 ff., bezeichnen den Vorgang — aus marxistischer Sicht — als „Subsumtion der Öffentlichkeit unter das Kapital".

war, die sie ehedem ablösen sollte. Als Ergebnis dieses Befundes läßt sich deshalb feststellen, daß Öffentlichkeit ihrer ursprünglichen Grundlage beraubt und der Ideologie überführt war, noch bevor sie sich politisch durchzusetzen begann und in die Gerichtssäle Eingang fand.

b) Struktur- und Funktionswandel der Öffentlichkeit

Ebensowenig wie Öffentlichkeit, als Garantin der Gerechtigkeit verstanden, mit der gesellschaftlichen Wirklichkeit des 19. Jahrhunderts in Einklang stand, läßt sie sich unter den gegenwärtigen Bedingungen rezipieren und für eine Rechtfertigung der Gerichtsöffentlichkeit fruchtbar machen. Der Grund dafür ist in dem strukturellen Wandel der Öffentlichkeit zu sehen, der eine Interpretation im Sinne ihrer ursprünglichen Bedeutung ausschließt. Dieser Wandel äußert sich zunächst rein quantitativ; während Öffentlichkeit im bürgerlich-liberalen Modell auf den exklusiven Kreis eines durch Besitz und Bildung ausgewiesenen Bürgertums beschränkt war, nehmen heute prinzipiell alle Gruppen der Gesellschaft an ihr teil. Das hat zur Folge, daß die ehedem in die Privatsphäre abgedrängten sozialen Konflikte in die Öffentlichkeit getragen und dort (öffentlich) diskutiert werden[87].

In dem Maße aber, in dem die öffentliche Diskussion innerhalb der gesellschaftlichen Gruppen keine gültigen Maßstäbe mehr hervorbringt[88], die eine allseits als gerecht empfundene Lösung sozialer Interessengegensätze gewährleisten, wächst die Tendenz zu deren staatlicher Regulierung[89]. Öffentlichkeit wird dabei zum Forum konkurrierender Interessengruppen, die sich ihr als Vermittlerin zur Einflußnahme auf staatliche Politik bedienen[90]. Institutionell vollziehen sich diese Vorgänge in Organisationen wie den Parteien, Körperschaften, Verbänden u. ä., in denen staatliche und gesellschaftliche Kräfte zu einem unentwirrbaren Konglomerat wechselseitiger Verbindungen zusammengeschlossen sind[91]. Damit wird der qualitative Wandel deutlich, den Öffentlichkeit gegenüber ihrem bürgerlich-liberalen Modell vollzogen hat: die ursprünglich als Einheit verstandene Öffentlichkeitssphäre räsonierender Privatleute hat sich „in pluralistische Teilöffentlichkeiten des Staates, der öffentlichen Körperschaften, der Parteien und privaten Verbände" aufgelöst[92]. Im Zusammenwirken dieser Institutionen über-

---

[87] *Habermas*, S. 160.
[88] Die Kategorie des sich selbst regulierenden Marktes bietet jedenfalls kein taugliches Kriterium hierfür.
[89] *Habermas*, S. 263 ff.
[90] In Ansätzen war diese Tendenz auch schon im 19. Jahrhundert zu verzeichnen; vgl. oben 2. b).
[91] *Habermas*, S. 266 ff.; *Scholler*, S. 78; *Rohde*, S. 114.
[92] *Scholler*, S. 78.

nehmen gesellschaftliche Kräfte politische Funktionen, wie umgekehrt staatliche Instanzen gesellschaftliche Aufgaben wahrnehmen[93]. Diesem Vorgang, der gemeinhin mit Metaphern wie „Wegfall des Dualismus von Staat und Gesellschaft"[94], „Verstaatlichung der Gesellschaft und Vergesellschaftung des Staates"[95] etc. umschrieben wird, geht ein Trend einher, den *Habermas* als „Refeudalisierung der Gesellschaft"[96] bezeichnet. Dieser Trend, der von seiten der am politischen Geschehen unmittelbar Beteiligten hervorgerufen und gefördert wird, ist darauf gerichtet, die Öffentlichkeit zu entkräften und „politische Kompromisse möglichst unter (ihrem) Ausschluß" zu formulieren[97].

Unter dieser Perspektive erhält die Forderung nach Öffentlichkeit eine ganz andere Bestimmung als Gerechtigkeit zu garantieren. Als Gegenreaktion auf den beschriebenen Trend soll sie die Machtprozesse sichtbar machen, die sich innerhalb der an den politischen Entscheidungen mitwirkenden Institutionen vollziehen. Ein solches, politisch gefaßtes Öffentlichkeitsverständnis mag zwar für sich in Anspruch nehmen können, Ausdruck demokratischer Rechtsstaatlichkeit zu sein[98]; unbeantwortet — und deshalb zu prüfen — bleibt aber die Frage, ob Gerichtsöffentlichkeit mit einer derart politisch verstandenen Öffentlichkeit gleichgesetzt und damit aus Demokratiegebot bzw. Rechtsstaatsprinzip abgeleitet oder auf sonstige rechtspolitische Überlegungen gestützt werden kann[99].

II. Gerichtsöffentlichkeit als Forderung des Demokratiegebots

1. Zum Stand der gegenwärtigen Diskussion: Darstellung und Kritik

Die Versuche, die Gerichtsöffentlichkeit aus dem Demokratiebegriff abzuleiten sind, gemessen an der einhundertfünfzigjährigen Geschichte der Öffentlichkeitsdiskussion, jüngeren Datums. Es ist daher mißverständlich, wenn der Bundesgerichtshof in einer seiner ersten Entscheidungen zum Öffentlichkeitsprinzip die Öffentlichkeit der Gerichte als „eine alte demokratische Forderung" bezeichnet[100]. Wie *Fögen*[101] nach-

---

[93] *Habermas*, S. 266 ff.
[94] *Forsthoff*, VVDStRL 12 (1954), S. 27.
[95] *Habermas*, S. 173.
[96] *Habermas*, S. 273.
[97] *Habermas*, S. 274.
[98] Vgl. *Habermas*, S. 274: „Das Maß, in dem sie (die Öffentlichkeit) sich durchsetzt, bezeichnet den Grad der Demokratisierung ..." Vgl. ferner *Scholler*, S. 77; *Ad. Arndt*, NJW 1960, 424.
[99] Kritisch in diesem Sinne auch *Bockelmann*, NJW 1960, 217 ff.
[100] BGHSt 2, 56 (57); ferner BGHSt 4, 279 (283). Es ist daher verfehlt, aus dieser historisch orientierten Begründung den Schluß zu ziehen, der BGH

gewiesen hat, waren es nicht die historischen Verfechter der Gerichtsöffentlichkeit, sondern gerade ihre Gegner, die den Gedanken der Demokratie ins Feld führten. Sie befürchteten (zu Recht), die Gerichtsöffentlichkeit begünstige die Bildung einer öffentlichen — demokratischen — Meinung, unter deren Druck der absolute Machtanspruch des Regenten beschnitten werde.

Für den Fortgang dieser Untersuchung braucht jedoch der historische Aspekt des Problems nicht weiter verfolgt zu werden; Richtschnur für die gegenwärtige Diskussion ist allein der Demokratiebegriff des Grundgesetzes. Hieran anknüpfend hat — soweit ersichtlich — erstmals *Ad. Arndt*[102] das Öffentlichkeitsprinzip des § 169 S. 1 GVG mit dem Demokratiegebot in Verbindung gebracht[103]. *Arndt* sieht in der Öffentlichkeit die Voraussetzung, staatliche „Machtvorgänge — und auch Richten ist Machtausübung — bewußt werden zu lassen"[104]. Diesen Gedanken hat die Literatur in der Folgezeit wiederholt aufgenommen[105]. Allerdings gehen die meisten Autoren[106], wie auch *Ad. Arndt* selbst, über die Andeutung des Problems kaum hinaus. Insbesondere fehlt ihren Ausführungen die zwingende Deduktion aus dem Demokratiegebot[107]; ihre Ergebnisse tragen daher fast ausnahmslos den Charakter bloßer apodiktischer Feststellungen. Diese können zwar für sich in Anspruch nehmen, im Einklang mit der weitverbreiteten Vorstellung zu stehen, die Öffentlichkeit sei eine notwendige Komplementärerscheinung der Demokratie und genieße daher grundsätzlich unbeschränkte Geltung gegenüber staatlichem Handeln[108]. Dennoch kann diese Betrach-

---

trete für eine Ableitung des Öffentlichkeitsprinzips aus dem Demokratiebegriff ein; so aber *Martens*, S. 74 FN 187; *Rohde*, S. 168 FN 57. Zum Standpunkt des BGH vgl. im übrigen unten III.

[101] S. 49 ff. m. w. Nachw.
[102] NJW 1960, 423 ff.
[103] Vgl. auch *Löffler*, Persönlichkeitsschutz, S. 7 f.
[104] *Arndt*, NJW 1960, 424.
[105] *Jerschke*, S. 76 f.; *Rohde*, S. 165 ff.; *Schaeben*, S. 25; *Windsheimer*, S. 140; *Scholler*, S. 23; *Schweling*, DRiZ 1970, 354; *Weidemann*, DRIZ 1970, 114; *Wassermann*, Justiz und Öffentlichkeit, S. 74; ders., DRIZ 1966, 9; ferner *Marcic*, Festschr. f. Ad. Arndt, S. 289 ff.; ders., Begriff, S. 189, sowie — aus schweizer Sicht — *Wettstein*, S. 55 ff.
[106] Vgl. die in FN 105 aufgeführten Autoren, mit Ausnahme von *Jerschke* und *Rohde*.
[107] Ebenso *Rohde*, S. 169.
[108] Vgl. *Schüle*, S. 50 f.: „Öffentlichkeitsprinzip ... ist unabdingbares Wesensmerkmal des Demokratischen"; *Häberle*, ZfP 1965, 297: „... das Demokratiegebot zur Öffentlichkeit ..."; ders., NJW 1976, 540: Öffentlichkeit „— ein demokratischer Teilhabestatus par excellence"; v. *Münch*, ArchPR 1969, 849; Öffentlichkeit „gehört ... zwingend zum Demokratiebegriff"; *Hesse*, S. 62: Demokratie lebt „von der Publizität des politischen Prozesses"; *J. H. Kaiser*, Frankfurter Publizitätsgespräch, S. 90: Öffentlichkeit (als Personenmehrheit) „ist möglicherweise identisch mit dem Staatsvolk"; ähn-

tungsweise nicht über den Eindruck hinwegtäuschen, daß sie einer Deduktion entspringt, bei welcher der Glaube an die Evidenz des Ergebnisses die exakte Beweisführung ersetzt[109].

Analysiert man nämlich (in dem hier interessierenden Rahmen) „das übliche Verfahren, eine prinzipiell unbegrenzte Publizität staatlichen Handelns als gleichsam logische Konsequenz demokratischer Staatsgestaltung auszugeben"[110] auf seinen Aussagewert, so stellt man fest, daß es sich meist in nichtssagende Tautologien verliert.

So hält beispielsweise *Rohde*[111] die Öffentlichkeit der Gerichte u. a. deshalb für demokratisch geboten, weil ihr Adressat, das Publikum, identisch sei mit dem Volk, dem als Träger der Staatsgewalt der Zugang zum Gerichtssaal aus eigenem, d. i. demokratischem (sic!) Recht offen stehe.

In einen ähnlichen Zirkelschluß mündet auch *Jerschkes* Argumentation. *Jerschke*[112] will die Demokratiebezogenheit der Gerichtsöffentlichkeit mit dem Hinweis auf die für alle Prozeßarten vorgeschriebenen Formel — „Das Urteil ergeht im Namen des Volkes" — begründen. Die Urteilsformel stelle klar, daß die Ausübung der richterlichen Gewalt sich vom Volke herleite und folglich dem demokratischen Gebot der Publizität unterliege.

Hierzu ist zunächst festzustellen, daß der in diesem Zusammenhang allein interessierende § 268 Abs. 1 StPO nur die Urteilsverkündung betrifft und demzufolge keine Verallgemeinerungen im Hinblick auf andere Teile der Hauptverhandlung zuläßt. Dies gilt insbesondere auch für den Öffentlichkeitsbezug der Vorschrift, den das Prozeßrecht selbst in § 173 Abs. 1 GVG erschöpfend berücksichtigt. Danach erfolgt die Verkündung des Urteils — also der Teil der Hauptverhandlung, in welchem „im Namen des Volkes" Recht gesprochen wird — „in jedem Falle" öffentlich. *Jerschkes* Ansicht könnte somit allenfalls in den Grenzen des § 173 Abs. 1 GVG ihre Bestätigung finden. Aber auch insoweit läßt sich der Urteilsformel nichts entnehmen, das für *Jerschkes* These spräche. Sinn des § 268 Abs. 1 StPO ist es zwar, die demokratische Legitimation des Richters auszudrücken und hervorzuheben, daß dieser bei der Urteilsverkündung in Ausübung eines Teils der vom Volk ausgehenden, ihm anvertrauten Staatsgewalt handelt[113]. Offen bleibt dabei jedoch die

---

liche Formulierungen finden sich auch bei *Altmann*, S. 131 ff.; *Kalt*, S. 37 ff. und 97 ff.; *Leisner*, S. 82 ff.; vgl. ferner die Nachweise bei *Jerschke*, S. 64 FN 59 und *Martens*, S. 53 FN 66.

[109] Ähnlich *Jerschke*, S. 64.
[110] *Martens*, S. 59.
[111] S. 167.
[112] S. 77.
[113] Zur Bedeutung der Urteilsformel vgl. *Leiser*, Sozial- und Wirtschaftsgeschichte 1968, 501 ff., insbes. S. 502; *Peters*, Strafprozeß, S. 483.

entscheidende Frage, ob die für § 268 Abs. 1 StPO „in jedem Falle" (vgl. § 173 Abs. 1 GVG) geforderte Öffentlichkeit ebenfalls im Demokratiegebot ihren Ursprung hat. *Jerschkes* Ergebnis träfe m. a. W. nur dann zu, wenn diese Frage bereits bejaht wäre; das aber ist gerade zu untersuchen.

Eine verfassungsrechtlich gültige Aussage zur Frage demokratisch gebotener Gerichtsöffentlichkeit setzt zunächst Klarheit darüber voraus, welche Anknüpfungspunkte das Demokratiegebot bereitstellt, aus denen sich eine Beziehung zwischen dem Volk als dem Adressaten der Öffentlichkeit und der Rechtsprechung, dem Objekt möglicher Publizität, ableiten läßt.

2. Die konkreten Anknüpfungspunkte

a) Die staatsorganschaftliche Stellung des Volkes

Den Ausgangspunkt der Überlegungen bildet Art. 20 Abs. 2 GG. Danach übt das Volk die von ihm ausgehende Staatsgewalt in Wahlen und Abstimmungen aus; im übrigen wird sie von den besonderen Organen der „Gesetzgebung, der vollziehenden Gewalt und der Rechtsprechung" wahrgenommen. Das Grundgesetz schreibt folglich eine repräsentative Demokratie[114] vor, in der sich die Rolle des Volkes als Staatsorgan in der Wahl zum Parlament faktisch erschöpft[115]. Die Wahl stellt mithin den maßgeblichen Delegationsakt der Staatsgewalt dar, auf den auch diejenigen Organe ihre demokratische Legitimation zurückführen, an deren Bestellung das Volk selbst nicht unmittelbar mitwirkt[116].

Aus dieser konkreten Aussage des Grundgesetzes läßt sich die demokratische Ausgestaltung der Beziehung des Volkes zu den einzelnen Repräsentationsorganen, insbesondere also auch zur Rechtsprechung folgendermaßen umschreiben: Das Volk als Träger der Staatsgewalt ist mit den sie ausübenden besonderen Organen durch eine Kette von Delegationsakten verbunden, deren erstes Glied die Wahl zum Parlament bildet. Damit ist der erste Anhaltspunkt gefunden, der es erlaubt, das Problem demokratisch gebotener Gerichtsöffentlichkeit in eine deduktionsfähige Prämisse zu kleiden. Diese läßt sich allgemein in der Frage zusammenfassen, ob mit der Wahl zum Parlament und der darin enthaltenen Delegation der Staatsgewalt, die Verpflichtung an die Repräsentationsorgane ergeht, ihre Handlungen dem Volk offenzulegen. Um eine Antwort hierauf geben zu können ist es notwendig sich zu

---

[114] Vgl. statt vieler *Maunz / Dürig / Herzog*, Art. 20 Rdnr. 52 f.; *v. Mangoldt / Klein*, Anm. V 5 a zu Art. 20 GG (S. 597).

[115] Die Frage der Plebiszite kann hier unerörtert bleiben; dazu *Maunz / Dürig / Herzog* (FN 114).

[116] Vgl. FN 117.

vergegenwärtigen, welche Funktion der Wahl nach dem Grundgesetz zukommt.

Als Delegationsakt bedeutet die Wahl nicht nur die Übertragung der Legislativgewalt auf das Parlament; sie enthält darüber hinaus auch den Auftrag, die vollziehende Gewalt und — mit dieser zusammen — die Rechtsprechung zu bestellen, um so die vom Volk übertragene Macht an die von Verfassungs wegen zur Ausübung berufenen Organe weiterzuleiten[117]. Diese umfassende Delegation verleiht der Wahl den Charakter eines Vertrauensaktes[118]. Darin erschöpft sich ihre Bestimmung jedoch nicht. Das demokratische Prinzip verlangt — obwohl in Art. 20 Abs. 2 GG nicht ausdrücklich genannt[119] —, daß Wahlen in periodisch wiederkehrenden Zeitabschnitten stattfinden[120], um dem Volk die Möglichkeit zu geben, seine früher getroffene Entscheidung zu überprüfen und gegebenenfalls zu revidieren. Die Wahl stellt damit auch einen Akt der Kontrolle des Parlaments dar[121]. Da die Wahl zum Parlament zugleich auch eine Entscheidung über die Politik der Regierung enthält, bedeutet Kontrolle des Parlaments inzidenter auch Kontrolle der Regierung[122] mit der Möglichkeit, ein mehrheitsänderndes Votum herbeizuführen[123].

Kontrolle kann das Volk aber nur dann wirksam durchführen, wenn es über hinreichende Informationen verfügt. Man ist sich deshalb darüber einig, daß die Öffentlichkeit der Verhandlungen des Parlaments, wie sie Art. 42 Abs. 1 S. 1 GG ausdrücklich anordnet, das demokratische Prinzip ergänzt[124] und ihm „wesensmäßig zugeordnet"[125] ist[126]. Aus den

---

[117] Für den bundesstaatlichen Bereich vgl. Art. 54 ff., 62 ff. GG bezüglich der Exekutive und Art. 94, 95 GG bezüglich der Jurisdiktion.

[118] Hierfür spricht vor allem auch die Entscheidung des Grundgesetzes für das freie Mandat der Abgeordneten (vgl. Art. 38 Abs. 2 S. 2 GG).

[119] Vgl. aber Art. 39 Abs. 1 GG.

[120] *Maunz / Dürig / Herzog*, Art. 20, Rdnr. 56; BVerfGE 1, 13 (33); 18, 151 (154); BayVerfGHE n. F. 11, 1 (9 f.).

[121] Vgl. hierzu *Scheuner*, in Festschrift für Hans Huber, S. 239. *Scheuner* sieht den Kern repräsentativer Erscheinungen überall „dort erhalten, wo die Fundierung der Staatsleitung auf dem Konsensus des Volkes, auf Antrag und Kontrolle" beruht.

[122] *Jerschke*, S. 74; *Martens*, S. 71.

[123] Vgl. *Stein*, S. 22, der es als eine wesentliche Aufgabe der Opposition ansieht, die Öffentlichkeit durch parlamentarische Anfragen etc. „gegen festgestellte Mißstände zu mobilisieren".

[124] *Maunz / Dürig / Herzog*, Art. 92 Rdnr. 1.

[125] *Martens*, S. 68.

[126] Die Parlamentsöffentlichkeit war nicht immer so unbestritten wie unter der Geltung des Grundgesetzes. In ihren historischen Anfängen eng an das parlamentarische Repräsentationssystem liberaler Prägung gebunden, verlor sie ihre Basis als sich herausstellte, daß die Sachdiskussionen in zunehmendem Maße in geheim tagende Ausschüsse und Expertengremien verlagert wurden, und das Parlament nicht mehr den Ort bildete, an dem

gleichen Überlegungen wird in der Literatur auch eine grundsätzliche Publizitätspflicht der Exekutive angenommen[127], wobei allerdings Umfang und Modalitäten noch weitgehend ungeklärt sind[128].

Die mit der Wahl verfolgte demokratische Kontrolle versagt als Kriterium jedoch gegenüber dem Versuch, das Demokratieprinzip zur Begründung der Gerichtsöffentlichkeit heranzuziehen. Der maßgebende Einwand betrifft freilich nicht, wie die traditionelle Begründung lautet, das Unvermögen des Volkes, Verhandlungsführung und richterliche Entscheidungen auf ihre Rechtmäßigkeit hin zu überprüfen[129]. Auf dieses Bedenken kann schon allein deshalb nicht verwiesen werden, weil das Demokratiegebot die Sachkompetenz des Volkes „unter Frageverbot" stellt[130].

Das entscheidende Argument ergibt sich aus dem Unterschied, durch den die Rechtsprechung sich von den anderen Repräsentationsorganen in der für den Öffentlichkeitsbezug relevanten Weise abhebt. Er liegt in ihrer Immunität gegenüber dem Wandel politischer Mehrheitsverhältnisse; denn im Gegensatz zu Parlament und Exekutive unterliegt die Rechtsprechung nicht der periodisch wiederkehrenden Revozierbarkeit durch mehrheitsverändernde Wahlentscheidungen des Volkes. Damit verbietet es sich aber auch, die aus dem Institut der Wahl für Parlament und Exekutive begründete prinzipielle Verpflichtung zur Öffentlichkeit ihres Handelns auf die Rechtsprechung zu übertragen[131].

b) Das demokratische Recht zur Bildung öffentlicher Meinung

Die Rolle des Volkes in der modernen Demokratie wäre jedoch nur unzureichend erfaßt, wenn man sie auf die Wahl beschränkt verstehen wollte; denn das Demokratiegebot erschöpft sich nicht im staatsorganschaftlichen Bereich, sondern entfaltet seine Wirkungen auch auf gesellschaftlich-politischer Ebene, mithin also in *der* Sphäre, in welcher das

---

sich unabhängige, durch Würde und Bildung ausgezeichnete Persönlichkeiten versammelt hatten, um in schöpferischer Diskussion zu konstruktiven Kompromissen zu gelangen (skeptisch hierzu *Friesenhahn*, VVDStRL 16, 31), sondern vornehmlich als Beschlußorgan für vorgefertigte Sachentscheidungen fungierte. *Carl Schmitt* bezeichnete die Parlamentsöffentlichkeit deshalb als „überflüssige Dekoration, unnütz oder sogar peinlich" (Parlamentarismus, S. 10; ähnlich Verfassungslehre, S. 319).
Hinsichtlich der in neuer Zeit üblichen „Fensterreden" vgl. *Jerschke*, S. 68.
[127] Vgl. hierzu die Untersuchungen von *Jerschke* und *Martens* (letzterer insbes. S. 68 ff.); ferner *Scheuner*, in Festschrift für Smend, S. 253 ff.
[128] *Martens*, S. 70 f.
[129] Dieser Gedanke findet sich bereits bei *Feuerbach*, S. 147 ff. und setzt sich bis in die neueste Literatur hinein fort. Vgl. *Henkel*, Strafverfahrensrecht, S. 369 f.; *Martens*, S. 74.
[130] So *Martens*, S. 60.
[131] *Martens*, S. 74.

Volk im Wege der Bildung öffentlicher Meinung am Staatsgeschehen teilnimmt[132]. Daß öffentliche Meinung ein notwendiges Attribut demokratischer Staatsform ist[133], ergibt sich unmittelbar aus dem Grundgesetz selbst, das in Art. 21 die Mitwirkung der Parteien an der „politischen Willensbildung des Volkes" — dem in politicis gerichteten Kernstück der öffentlichen Meinung[134] — „als selbstverständlich"[135] voraussetzt. Vor allem aber ist in diesem Zusammenhang auf das in Art. 5 Abs. 1 S. 1 GG garantierte Grundrecht der Meinungsfreiheit hinzuweisen[136], welches die Bildung der öffentlichen Meinung als für die freiheitliche Demokratie schlechthin konstituierend[137] mit umfaßt.

Unter dieser Prämisse mag es naheliegen, in der Gerichtsöffentlichkeit eine Voraussetzung zur demokratischen Bildung öffentlicher Meinung zu erblicken und daraus den Schluß zu ziehen, die Gerichtsöffentlichkeit sei eine demokratisch gebotene Einrichtung[138]. Versucht man jedoch aus der unübersehbaren Fülle der Definitions- und Beschreibungsversuche Inhalt und Umfang der öffentlichen Meinung zu bestimmen, so läßt sich ein greifbares, zu eindeutigen Schlußfolgerungen berechtigendes Ergebnis nur schwer gewinnen[139]. Vor allem aber besteht wegen der politisch oft überzogenen Inanspruchnahme der öffentlichen Meinung keine Gewähr dafür, daß die in ihrem Namen formulierten und durchgesetzten Forderungen stets notwendig auch dem Demokratiegebot entspringen. Beide Aspekte, die definitorische Unvollkommenheit des Begriffs und die daraus resultierende Gefahr zu ausufernden Schlußfolgerungen mahnen zu größter Vorsicht bei dem Versuch, aus dem Begriff der öffentlichen Meinung irgendwelche Publizitätsforderungen abzuleiten. Hierfür ist es vielmehr notwendig, sich zunächst der

---

[132] Aus der Fülle von Literatur und Rechtsprechung zu dieser Frage vgl. *Maunz / Dürig / Herzog*, Art. 20 Rdnr. 36; BVerfGE 8, 104 (112 ff.).
[133] *Altmann*, S. 115 ff.; *Zacher*, S. 76.
[134] *Martens*, S. 64.
[135] BVerfGE 8, 104 (112); ähnlich *Ridder*, Grundrechte II, S. 255 f.
[136] BVerfG (FN 135).
[137] Vgl. BVerfGE 8, 104 (112); ferner BVerfGE 7, 198 (208); 12, 113 (125); 20, 56 (98 f.); 35, 202 (220).
[138] So offenbar *Rohde*, S. 172 ff., der jedoch Demokratiegebot und Rechtsstaatsprinzip in dogmatisch unzulässiger Weise miteinander verquickt (vgl. insbes. S. 173).
[139] *Löffler*, Presserecht, S. 159: „Öffentliche Meinung ist die während eines gewissen Zeitraumes in einem größeren, individuell nicht bestimmten Teil der Bevölkerung vorherrschende übereinstimmende Ansicht bzw. Einstellung zu Personen, Ereignissen oder Zuständen." Meist finden sich für öffentliche Meinung jedoch nur Metaphern wie: „wesentlich(es) demokratisch(es) Integrationsmedium außerhalb der Wahlen" (*Isensee*, S. 264); „Integrationsmotor eines jeden Staates" (*Ridder*, Öffentliche Aufgabe der Presse, S. 11); „Gerichtshof der Meinungsbildung" (*Hämmerlein*, S. 29). Einen umfassenden Überblick gibt *Jerschke*, S. 214 ff.

II. Forderung des Demokratiegebots

Frage zuzuwenden, ob das Objekt, auf das die öffentliche Meinung gerichtet sein soll — hier also die Tätigkeit der Rechtsprechung — überhaupt öffentlicher Meinung zugänglich ist.

Während die Rechtsprechung zu dieser Frage schweigt, verhält sich die Literatur überwiegend ablehnend[140]. Vor allem *Bockelmann* wendet sich entschieden dagegen, das gerichtliche Verfahren als Gegenstand öffentlicher Meinungsbildung anzuerkennen. Er verweist auf die damit verbundenen Konsequenzen, die sich nach seiner Ansicht darin äußern, daß Verhandlungsführung und Entscheidungen interessierender Prozesse dem Zugriff plebiszitärer Kritik unterzogen würden; bisweilen werde sogar versucht, den Ausgang des Verfahrens an das Ergebnis plebiszitärer Vorentscheidungen zu binden[141]. Es sei jedoch gerade ein wesentliches Merkmal der Rechtsprechung, frei zu sein von jenem „plebiszitären Moment"[142], das der politischen, auf die Integration des Staates gerichteten Tätigkeit anhafte. *Bockelmann* hält öffentliche Meinung daher nur in dem Bereich für legitim, „in dem es um die Integration des Staates geht"[143]. Das bedeutet, daß öffentliche Meinung, soweit sie staatsbezogen agiert, auf die Tätigkeit von Parlament und Exekutive beschränkt ist.

Dieser Argumentation muß aus zweierlei Gründen widersprochen werden. Der erste Einwand betrifft die *Bockelmanns* Ausführungen zugrundeliegende These, die Rechtsprechung vollziehe sich im Gegensatz zur Tätigkeit der anderen Staatsorgane in einem politisch freien Raum. Dieses Verständnis gründet in der Vorstellung, Rechtsprechung bedeute den unpolitischen Vollzug determinierter Entscheidungen des politischen Gesetzgebers. Eine solche dem Rechtspositivismus verhaftete Deutung der Rechtsprechung läßt sich mit der Funktion, die ihr nach dem Demokratiegebot zukommt, kaum vereinbaren. Art. 20 Abs. 2 S. 2 GG weist der Rechtsprechung gegenüber Gesetzgebung und vollziehender Gewalt eine eigenständige und gleichberechtigte Funktion zu. Das bedeutet, daß Rechtsprechung nicht „blinde" Gesetzesanwendung, sondern rechtsschöpferischer Akt[144] ist, der u. U. nicht minder in den politischen Raum einwirkt als das Handeln von Gesetzgebung und Exekutive[145]. Daraus folgt, daß — neben den anderen beiden Gewalten — auch die Rechtsprechung staatsbürgerlicher Diskussion fähig, mithin also öffentlicher Meinungsbildung zugänglich sein muß.

---

[140] *Bockelmann*, NJW 1960, 219 f.; *Eb. Schmidt*, Sache der Justiz, S. 26; a. A. *Rohde*, S. 172 ff.
[141] *Bockelmann*, S. 220.
[142] *Bockelmann*, S. 219.
[143] *Bockelmann*, S. 219.
[144] Vgl. *Schünemann*, S. 59; *Dubischar*, S. 79; *Rupp*, NJW 1973, 1770.
[145] Vgl. *Ad. Arndt*, Das Bild des Richters, S. 11; *Kübler*, DRiZ 1969, 383.

Der zweite Einwand richtet sich gegen die allzu einseitige Bewertung der von *Bockelmann* beschriebenen Gefahren, die der Rechtsprechung von seiten der öffentlichen Meinung drohen. Selbst wenn die öffentliche Meinung — wie *Bockelmann* befürchtet — den Richter „aus dem Amt des Hüters der Rechtsordnung" zu drängen versucht „und ihm die Rolle eines Mitspielers im Konzert der die Publizität aufführenden Figuren zuzuweisen sich bemüht"[146], wäre dies kein Anlaß, ihre Berechtigung bereits im Grundsatz zu bestreiten. Es ist vielmehr eine Frage des Ausmaßes und der Intensität, inwieweit die öffentliche Meinung im Bereich der Rechtsprechung anzuerkennen ist. Insoweit sie danach strebt den Gang von Strafprozessen in der von *Bockelmann* geschilderten Weise zu beeinflussen — ein Vorgang, der sich bisweilen nicht leugnen läßt —, handelt es sich in Wirklichkeit nicht mehr um das Bemühen um staatliche Integration, sondern um eine unsachgemäße Erweiterung ihres Betätigungsfeldes; denn eine öffentliche Meinung, die auf Verhandlungsführung und Entscheidungen derart Einfluß zu nehmen versucht, daß dadurch die Unbefangenheit und Unparteilichkeit des Richters gefährdet wird[147], hat bereits den Boden gesellschaftspolitisch legitimer Auseinandersetzung verlassen und sich Befugnisse angemaßt, welche die staatsorganschaftliche Stellung der Justiz berühren. Dies aber stellt eine sachwidrige Ausuferung der öffentlichen Meinung dar, wie sie sich im übrigen nicht nur gegenüber der Rechtsprechung, sondern auch gegenüber den anderen Repräsentationsorganen — Parlament und vollziehende Gewalt —, die sich der gleichen Gefahr gegenübersehen[148], als demokratiewidrig verbietet[149].

Die grundsätzliche Anerkennung der auf die Tätigkeit der Rechtsprechung gerichteten öffentlichen Meinung bedeutet allerdings nicht notwendig, die Bestätigung der Gerichtsöffentlichkeit als einer demokratisch gebotenen Einrichtung. Zwar kann öffentliche Meinung sich nur dann sinnvoll entfalten, wenn ihrem Träger, dem Volk, ausreichende Informationen zur Verfügung stehen; neben der Öffentlichkeit lassen sich aber auch andere Modalitäten — wie beispielsweise eine verstärkte Öffentlichkeitsarbeit der Justiz[150] — denken, die dem Informationserfordernis genügen.

Es stellt sich daher allgemein die Frage, ob das demokratische Recht zur Bildung einer öffentlichen Meinung den Staat verpflichtet oder

---

[146] *Bockelmann*, NJW 1960, 219 f.
[147] *Bockelmann* (FN 146).
[148] Dies scheint *Bockelmann* (FN 146) zu übersehen oder aber billigend hinzunehmen.
[149] Fragwürdig ist es daher auch, wenn öffentliche Meinung sich zum „Druck der Straße" entwickelt, um irgendwelche staatlichen Maßnahmen zu erzwingen. Vgl. dazu *Fraenkel,* in Festgabe für Herzfeld, S. 186.
[150] Vgl. *Wassermann,* DRiZ 1963, 294 ff.; *Bührke,* DRiZ 1966, S. 5 ff.

sogar den Anspruch gegen ihn eröffnet, eine nach Mitteln und Formen bestimmte Art der Informationsbeschaffung bereitzustellen. Dies muß verneint werden; Art. 5 Abs. 1 S. 1 GG gewährt zwar das Recht, „sich aus allgemein zugänglichen Quellen zu unterrichten"; daraus erwächst dem Staat nach einhelliger Auffassung jedoch nur die Pflicht zu grundsätzlicher „Publizitätsbereitschaft"[151]. Darüber hinausgehende Verpflichtungen des Staates, insbesondere also solche über Art und Umfang staatsbürgerlicher Unterrichtung, können Art. 5 Abs. 1 S. 1 GG dagegen nicht entnommen werden[152].

Gerade die Demokratiebezogenheit des Art. 5 Abs. 1 GG[153] macht deutlich, daß das Grundrecht der Informationsfreiheit nicht als ein allgemeines Informationsrecht gegen den Staat aufgefaßt werden kann. Andernfalls sähen sich die staatlichen Institutionen der Publizität in einem Umfang unterworfen, der vom freien Zugang bis hin zur Akteneinsicht und der freien Erteilung von Auskünften — um nur einige zu nennen — alle nur denkbaren Modalitäten der Informationsbeschaffung umspannte. Das bedeutete in der Sache ein Eindringen der auf Informationen bedachten öffentlichen Meinung in den von Verfassungs wegen den einzelnen Staatsorganen zugewiesenen Bereich der Machtausübung, mithin also eine dem Demokratieprinzip des Art. 20 Abs. 2 GG zuwiderlaufende Beeinträchtigung ihrer staatsorganschaftlichen Stellung.

Als Ergebnis kann daher festgestellt werden, daß das demokratische Recht zur Bildung öffentlicher Meinung nicht herangezogen werden kann, um die Öffentlichkeit der Gerichte als demokratisch gebotene Einrichtung zu begründen.

---

[151] *Martens*, S. 64 m. w. Nachw.
[152] *Ridder*, Grundrechte II, S. 276; *v. Mangoldt / Klein*, S. 241 f.; *Gehrhardt*, AfP 1974, 691.
[153] Zur individualrechtlichen und kollektivrechtlichen Komponente des Art. 5 Abs. 1 S. 1 GG vgl. *Maunz / Dürig / Herzog*, Art. 5 Rdnr. 84.

III. Gerichtsöffentlichkeit als Postulat des Rechtsstaatsprinzips

1. Vorbemerkung

Die Auffassung, die Gerichtsöffentlichkeit sei ein Postulat des Rechtsstaatsprinzips, wird vornehmlich von der Rechtsprechung des Bundesgerichtshofs vertreten. Beginnend mit seiner Entscheidung vom 23. Mai 1956[154] hat der BGH in mehreren Urteilen ausgeführt, die Öffentlichkeit gehöre „zu den grundlegenden Einrichtungen des Rechtsstaates"[155]. Die strenge Durchführung des Öffentlichkeitsgrundsatzes stelle für die Allgemeinheit einen „wesentlichen Bestandteil des Vertrauens in die Unabhängigkeit der Gerichte" dar[156]. Obwohl diese Ansicht in der Literatur nur wenig Beachtung findet[157], betrachtet es *Ridder*[158] als einen Ausdruck allgemeiner Überzeugung"[159], daß die rechtsstaatlich geforderte Unabhängigkeit der Rechtsprechung „weitgehend" durch die Gerichtsöffentlichkeit garantiert werde[160]. Wie die Begründungen des BGH erschöpfen sich jedoch auch *Ridders* Argumente in diesen wenigen Andeutungen. Es zeigt sich damit das gleiche Dilemma, das bereits im vorausgegangenen Kapitel festgestellt worden ist: Ebenso wie der Rekurs auf das Demokratiegebot verführt offenbar auch die Berufung auf das Rechtsstaatsprinzip dazu, im Vertrauen auf die Kraft der Evidenz daraus abgeleiteter Ergebnisse, sich einer eingehenden Begründung zu entziehen[161]. Das Rechtsstaatsprinzip ist aber — ebenso wie das Demokratiegebot — zu komplex, als daß sich einzelne Rechtsfolgen aus ihm mit einer derart apodiktischen Kürze entnehmen ließen[162], wie sie den Ausführungen des Bundesgerichtshofs und *Ridders* anhaftet.

Das Rechtsstaatsprinzip gehört, obwohl es nur in Art. 28 Abs. 1 S. 1 GG ausdrücklich erwähnt wird, zu den tragenden Grundsätzen der Verfassung[163]. Es äußert sich nicht nur in einzelnen positiv rechtlich fixierten Normen, wie dem Grundsatz der Gewaltenteilung (Art. 20 GG), der Rechtsweggarantie (Art. 19 Abs. 4 GG), dem Rückwirkungsverbot (Art. 103 GG) — um nur einige wenige seiner Ausprägungen zu nen-

---

[154] BGHSt 9, 280 ff.
[155] BGHSt 9, 280 (281); 21, 72 (73); 27, 297 (301); BGH NJW 1969, 756; BGH (ZS) NJW 1970, 1646 (1647).
[156] So BGHSt 9, 280 (281).
[157] So etwa *Schäfer* in *Löwe/Rosenberg*, Einl. Kap. 13 Rdnr. 99; ferner (aus schweizer Sicht) *Wettstein*, S. 46 ff.; *Weidemann*, DRiZ 1970, 114.
[158] Grundrechte II, S. 276 f.
[159] S. 277.
[160] Zur Kritik an *Ridder* vgl. *Martens*, S. 74 f.
[161] Dies Tendenz spiegelt sich vor allem in der Rechtsprechung des Bundesverfassungsgerichts wider; dazu *Martens*, S. 60 FN 103.
[162] Kritisch daher auch *Martens*, S. 59 f.; *Fuß*, DÖV 1964, 577.
[163] Nachweise bei *Jerschke*, S. 68.

III. Postulat des Rechtsstaatsprinzips

nen[164] —, sondern ist in das gesamte Grundgesetz „verwoben"[165]. Es ist daher ein dynamisches Prinzip in dem Sinne, daß es keinen ein für allemal feststehenden, unabänderlichen Inhalt hat, sondern von den jeweiligen „politischen, sozialen, ökonomischen und kulturellen Gegebenheiten"[166] abhängt. Demgemäß lassen sich seine Inhalte auch nicht im Wege eines einfachen Deduktionsvorganges festlegen; sie können vielmehr nur in der Weise gewonnen werden, daß man das geltende Recht daraufhin untersucht, welche seiner „Institute, Prinzipien und Normen" sich als Konkretisierungen der Rechtsstaatsidee ausweisen[167].

Diese grundsätzlichen Erwägungen weisen die Richtung des Fortganges der Untersuchung. Dabei gilt es diejenigen Ausprägungen des Rechtsstaatsprinzips herauszuarbeiten, die konkrete Anknüpfungspunkte enthalten, von denen aus jene Frage sinnvoll gestellt werden kann. Hierfür kommen zwei Kriterien in Betracht. Erstens sind bereits bestehende, als Ausprägung des Rechtsstaatsprinzips erkannte Publizitätspflichten des Staates heranzuziehen und daraufhin zu überprüfen, ob sich aus ihnen die Öffentlichkeit der Gerichte ableiten läßt[168]. Zweitens ist zu untersuchen, ob Gerichtsöffentlichkeit die Garantiefunktion für die Erhaltung bestimmter Forderungen übernimmt, die das Rechtsstaatsprinzip an die Tätigkeit der rechtsprechenden Gewalt stellt[169].

2. Die konkreten Anknüpfungspunkte

a) Gerichtsöffentlichkeit als Konsequenz der Publikationspflicht der Gesetze

Art. 82 Abs. 1 S. 1 GG schreibt als Voraussetzung für das Inkrafttreten von Gesetzen deren Verkündung im Bundesgesetzblatt vor[170]. Dieses Wirksamkeitserfordernis wird unstreitig als eine Ausprägung des Rechtsstaatsgedankens angesehen[171], weil es dazu dient, dem Staatsbürger die Möglichkeit zu eröffnen, Kenntnis darüber zu gewinnen, was rechtens ist[172]. Aus der Publikationspflicht des Gesetzgebers hat *Jerschke* für den Bereich der Exekutive den Schluß gezogen, diese treffe auch — weil an die publikationsbedürftigen Gesetze gebunden (Art. 20

---

[164] Zu den Ausprägungen des Rechtsstaatsgedankens vgl. *Ule.* DVBl 1963, 475 ff.
[165] *Maunz / Dürig / Herzog*, Art. 20 Rdnr. 92.
[166] *Fuß* DÖV 1964, 577.
[167] *Fuß* (FN 166).
[168] Unten 2. a).
[169] Unten 2. b).
[170] Entsprechende Vorschriften enthalten auch die Verfassungen der Länder, mit Ausnahme der Berlins.
[171] Ausführlich dazu *Drath*, in Gedächtnisschrift für W. Jellinek, S. 237 ff.; *Severin*, S. 3 ff.; *v. Mangoldt / Klein*, Art. 82, Anm. IV 4 a.
[172] Ähnlich *Jerschke*, S. 79.

Abs. 3 GG) — die rechtsstaatlich begründete Pflicht, ihre Handlungen offenzulegen[173].

Dieser Gedanke ist insofern der Erweiterung auf die Rechtsprechung und damit der Prüfung in dem hier gesteckten Rahmen fähig, als die Rechtsprechung nach Art. 20 Abs. 3 GG ebenfalls an Gesetz und Recht gebunden ist und daher insoweit den gleichen Bedingungen unterliegt wie die von *Jerschke* untersuchte Exekutive.

Die Bindung an das Gesetz besagt, daß der Richter keine anderweitigen Kriterien — wie etwa das eigene Gewissen — zur Richtschnur seiner Entscheidungen erheben darf, sondern verpflichtet ist, die bestehenden (einschlägigen) Gesetze anzuwenden. Dadurch soll verhindert werden, daß die vom Gesetz geschaffene Rechtslage im Wege einer eigenmächtig fungierenden Rechtsprechung ausgehöhlt und ein Zustand der Rechtsunsicherheit herbeigeführt wird, welcher den einzelnen der Gewißheit über die Verbindlichkeit bestehender Normen beraubt. Zwischen Art. 20 Abs. 3 GG und der Publizitätspflicht des Gesetzgebers läßt sich somit folgender Zusammenhang erkennen: Während Art. 82 Abs. 1 S. 1 GG den Staatsbürger in die Lage setzt, sich Kenntnisse über den „aktuellen Normenbestand"[174] zu verschaffen, garantiert ihm Art. 20 Abs. 3 die Kontinuität des vom Gesetzgeber hergestellten Rechtszustandes und seine Konkretisierung durch die rechtsprechende Gewalt. Art. 20 Abs. 3 erweist sich damit als eine *konsequente Ergänzung* der gesetzgeberischen Publikationspflicht, denn beide Prinzipien sind Ausdruck ein und desselben im Rechtsstaatsprinzip wurzelnden Rechtsgedankens, nämlich dem Staatsbürger zu ermöglichen, staatliche Eingriffe anhand der bestehenden Gesetze abzumessen und sein Handeln darauf auszurichten.

Hieraus wird deutlich, daß sich ein Sinnzusammenhang zwischen dem Publizitätsgebot des Art. 82 GG und der Bindung der Rechtsprechung an das Gesetz rechtslogisch nur im Hinblick auf die den beiden Prinzipien gemeinsame Prämisse — die Berechenbarkeit staatlichen Handelns — herstellen läßt. Dementsprechend kann auch zwischen der Gerichtsöffentlichkeit einerseits und Art. 82 Abs. 1 S. 1 GG in Verbindung mit Art. 20 Abs. 3 GG andererseits nur dann ein Zusammenhang bestehen, wenn auch die Gerichtsöffentlichkeit unter jene Prämisse subsumiert werden kann. Damit ist das eigentliche Problem offengelegt, um das es bei der in Anlehnung an *Jerschke* gestellten Frage geht: Es ist zu prüfen, ob die Gerichtsöffentlichkeit die Voraussetzung dafür bildet, richterliche Machtausübung voraussehbar und berechenbar zu machen.

---

[173] *Jerschke*, S. 82.
[174] *Jerschke*, S. 79.

b) Gerichtsöffentlichkeit als Voraussetzung zur Berechenbarkeit richterlicher Machtausübung

Die Bindung des Richters an das Gesetz garantiert dem Staatsbürger nur unvollkommen, richterliche Entscheidungen abmessen und vorausberechnen zu können. Wie oben bereits festgestellt wurde, vermögen Gesetze die rechtlich relevanten Lebensvorgänge nicht in allen Einzelheiten zu determinieren; ihre Auslegungsbedürftigkeit bietet dem Richter Raum (und verpflichtet ihn) zur rechtsschöpferischen Gestaltung des Einzelfalles. Die Berechenbarkeit justitieller Handlungen hängt daher in wesentlichem Maße auch von der Kenntnis der richterlichen Entscheidungen und der durch sie bewirkten Konkretisierungen der Gesetze ab. Hieraus darf freilich nicht der Schluß gezogen werden, das Postulat der Berechenbarkeit lasse sich durch ein Höchstmaß an Informationen gleichsam zur absoluten Gewißheit verdichten. Die Individualität des Einzelfalles und der Ermessensspielraum, der dem Richter bei dessen Beurteilung zur Verfügung steht, verschließen dem einzelnen die Möglichkeit, richterliches Handeln präzise abzuschätzen. Das Ideal der Berechenbarkeit läßt sich somit nur annäherungsweise verwirklichen.

Diese zweifelsohne sehr vage Erkenntnis läßt die Frage offen, in welchem Maße dem Staatsbürger Informationen zugänglich gemacht werden müssen, um dem Postulat der Berechenbarkeit zu genügen. Von der Beantwortung dieser Frage hängt es aber ab, welches *Mittel* — Gerichtsöffentlichkeit oder eine andere Form der Publizität — als Voraussetzung zur staatsbürgerlichen Information über die Tätigkeit der rechtsprechenden Gewalt rechtsstaatlich gefordert ist[175]. Erwiese sich etwa die Möglichkeit der Kenntnisnahme von Urteilen und den sie tragenden Gründen als ausreichend, dann wäre eine Gerichtsöffentlichkeit, die sich über die *gesamte* Dauer der Hauptverhandlung erstreckt, überflüssig. Zum gegenteiligen Ergebnis käme man allerdings, wenn die Kenntnis des gesamten Prozeßstoffes, wie er sich aufgrund der Hauptverhandlung für die richterliche Überzeugungsbildung darstellt, erforderlich wäre.

Betrachtet man die letztgenannte Alternative, so berührt man einen Topos, der sich bis in die Anfänge der Öffentlichkeitsdiskussion zurückverfolgen läßt. Bereits im frühen 19. Jahrhundert vertrat *Tafinger*[176] — wenngleich auch noch nicht unter dem Aspekt des Rechtsstaatsgedankens — die noch heute von *Wettstein*[177] geteilte Auffassung, die

---

[175] Vgl. in diesem Zusammenhang *Jerschke*, S. 82, der dem Ideal der Berechenbarkeit von Ermessensentscheidungen der *Exekutive* dadurch nahezukommen vorschlägt, daß diese zur Veröffentlichung der tragenden Gründe verpflichtet wird.

[176] Vgl. dazu *Alber*, S. 42.

[177] S. 52 ff.

§ 2. Funktion der Verfahrensöffentlichkeit

Teilnahme am Strafprozeß diene der Verbreitung von Rechtskenntnissen. Ein Strafprozeß, so *Wettstein*, sei „durchaus geeignet", dem Laien juristisches Denken und juristische Technik zu erhellen[178]. Wenn dem so wäre, dann müßte man die Anwesenheit unbeteiligter Dritter während der gesamten Dauer der Hauptverhandlung geradezu als ideale Bedingung für den Staatsbürger ansehen, richterliches — also juristisches — Handeln kennen und abschätzen zu lernen. Diese Ansicht begegnet jedoch Bedenken.

Zunächst ist festzustellen, daß der Strafprozeß nicht daraufhin angelegt ist, den Laien juristisch zu bilden[179], sondern eine unabhängige Beurteilung des Angeklagten und des ihm zur Last gelegten strafbaren Verhaltens zu gewährleisten. Daher ist es auch unrealistisch, von der Vorstellung auszugehen, dem juristisch nicht Vorgebildeten sei es möglich, aufgrund eigener Anschauung aus dem in der Hauptverhandlung ausgebreiteten Prozeßstoff und dessen — meist unterschiedlicher — Bewertung durch Staatsanwalt und Verteidiger sachlich zutreffende Einsichten über die Kriterien der richterlichen Rechtsfindung zu gewinnen. Letzteres gewährleistet allein die *Kenntnis* derjenigen Tatsachen und Überlegungen, die das Gericht seiner Urteilsfindung zugrunde gelegt hat. Da das Gericht gemäß § 267 StPO verpflichtet ist, hierüber in den Urteilsgründen Rechenschaft abzulegen, wäre dem Informationsbedürfnis des Staatsbürgers *hinreichend* entsprochen, wenn ihm die Möglichkeit offenstünde, von den Urteilsgründen bzw. ihrem wesentlichen Inhalt (vgl. § 268 Abs. 1 StPO) Kenntnis zu nehmen. Hierfür würde es beispielsweise schon genügen, wenn man die Teilnahme unbeteiligter Dritter auf die Urteilsbegründung beschränkte oder aber das Urteil gegenüber der Presse bekanntgäbe.

Dieser Argumentation könnte entgegengehalten werden, sie übersähe, daß richterliches Handeln sich nicht im Urteilsspruch erschöpft, sondern den Gang der Hauptverhandlung während ihrer gesamten Dauer beherrscht (vgl. § 238 StPO). Dem Staatsbürger müsse daher Gelegenheit gegeben werden, sich auch über *prozessuale* Handlungen des Richters zu informieren; denn durch seine Anwesenheit gewinne der Staatsbürger zumindest einen groben Einblick in den prozessualen Ablauf einer Hauptverhandlung und könne somit ermessen, was ihn erwarte, falls er einmal in der Rolle eines Prozeßbeteiligten vor Gericht stehe.

Dieser Einwand ist jedoch unter rechtsstaatlichem Aspekt gegenstandslos. Soweit das Rechtsstaatsprinzip es erfordert, den Prozeßbeteiligten über Rechte[180], Pflichten[181] und mögliche Sanktionen[182] zu in-

---

[178] *Wettstein*, S. 52.
[179] Vgl. *Fögen*, S. 52: Gerichtssaal als „Rechtsschule der Nation".
[180] z. B. das Zeugnisverweigerungsrecht (§ 52 ff. StPO) oder — für den Angeklagten — das Recht, die Aussage zu verweigern (§ 136 Abs. 1 S. 2 StPO);

formieren, schreibt die Strafprozeßordnung verbindlich die dafür allein erforderlichen Maßnahmen vor[183], ohne daß es darauf ankäme, ob der einzelne aufgrund der Beobachtung anderer Verfahren bereits entsprechende Kenntnisse erworben hat. Es bleibt daher festzustellen, daß auch das Kriterium der Berechenbarkeit richterlichen Handelns nicht geeignet ist, die Gerichtsöffentlichkeit als rechtsstaatlich gebotene Einrichtung zu betrachten.

c) Gerichtsöffentlichkeit als Schutz der richterlichen Unabhängigkeit

Wie eingangs bereits erwähnt wurde, kommt der These — die Gerichtsöffentlichkeit garantiere eine unabhängige Rechtsprechung — zunächst einmal nicht mehr als der Charakter einer bloßen Behauptung zu. Angesichts durchweg fehlender Begründung bleibt es offen, von welchen rechtlichen Überlegungen sich die Verfechter dieser Ansicht haben leiten lassen. Das gilt insbesondere für die in ihrer Konsequenz wohl am weitesten gehende These *Ridders*, der das Öffentlichkeitsprinzip unter Berufung auf den Schutz der richterlichen Unabhängigkeit in den Rang einer ungeschriebenen Verfassungsnorm erheben will[184]. *Ridder* kann in diesem Zusammenhang zwar mit Recht auf Art. 90 der Bayerischen Verfassung verweisen, der das Öffentlichkeitsprinzip auf der Ebene des Landesrechts mit Verfassungskraft ausgestattet hat. Daraus läßt sich aber nicht notwendig ein für das Bundesrecht verbindlicher Verfassungssatz entsprechenden Inhalts ableiten. Im übrigen steht *Ridders* Position im offenen Gegensatz zur Ansicht derer, die den Schutz der Unabhängigkeit im Beratungsgeheimnis, also dem Gegenteil der Öffentlichkeit, erblicken[185].

Damit soll freilich nicht eine unbewiesene These gegen die andere ausgespielt werden. Die Darlegung der kontroversen Standpunkte macht jedoch deutlich, daß mit dem Rekurs auf ungeschriebenes Verfassungsrecht nicht von vornherein und unwidersprochen der Anspruch auf die Richtigkeit des gewonnenen Resultats erhoben werden kann. Hinzu kommt, daß die Bezugnahme auf ungeschriebenes Verfassungsrecht zumindest solange als fragwürdig angesehen werden muß als

---

ferner das Gutachtenverweigerungsrecht des Sachverständigen (§ 76 Abs. 1 i. V. m. §§ 72, 52 ff. StPO).

[181] z. B. die Wahrheitspflicht der Zeugen (§ 57 S. 1 StPO) und Sachverständigen (§§ 72, 57 S. 1 StPO).

[182] „Die strafrechtlichen Folgen einer unrichtigen oder unvollständigen Aussage" (§ 57 S. 2 StPO).

[183] Vgl. die richterliche Belehrungspflicht in den in FN 180 bis 182 zitierten Vorschriften.

[184] *Ridder*, Grundrechte II, S. 277.

[185] Vgl. *Schmidt-Räntsch*, JZ 1958, 330 und die dort aufgeführten Nachweise.

nicht feststeht, ob das *geschriebene* Recht bereits ausgeschöpft ist[186]. Um hierauf eine Antwort geben zu können, muß man sich zunächst die verschiedenen Richtungen vergegenwärtigen, in welcher die richterliche Unabhängigkeit wirkt.

In Anlehnung an *Bettermann*[187] sind drei Seiten denkbar, nach denen der Richter abhängig sein kann: vom Staat, von den am Prozeß beteiligten Parteien und von den nichtstaatlichen Kräften — den Organisationen, Verbänden, der Presse etc. Die Unabhängigkeit der Gerichte setzt sich daher dem Begriffe nach aus drei Komponenten zusammen, die man mit *Bettermann*[188] als die „politische", die „prozeßrechtliche" und die „soziale" Unabhängigkeit bezeichnen kann. Dementsprechend muß auch der Schutz einer unabhängigen Rechtspflege nach drei Richtungen hin, nämlich gegen den Staat, gegen die Prozeßparteien und gegen die gesellschaftlichen Kräfte abgesichert werden.

Für den Fortgang der weiteren Diskussion stellen sich damit folgende Fragen: Erstens ist zu untersuchen, welche Mittel die Rechtsordnung bereitstellt, um die Unabhängigkeit der Gerichte in dem soeben beschriebenen Umfang zu schützen; zweitens muß geprüft werden, ob daneben noch Raum bleibt, um eine diesbezügliche Funktion der Gerichtsöffentlichkeit anzuerkennen.

Die politische Unabhängigkeit der Gerichte, d. h. die gegenüber den Trägern der rechtsetzenden und der vollziehenden Gewalt, hat ihre verfassungsrechtliche Wurzel im Grundsatz der Gewaltenteilung des Art. 20 Abs. 2 S. 2 GG[189]. Gewaltenteilung bedeutet dabei Gewaltentrennung in dem Sinne, daß die Organe der Staatsgewalt an den ihnen von Verfassungs wegen zugewiesenen Bereich gebunden und in der Ausübung ihrer Macht gegeneinander abgegrenzt sind (Gewaltenhemmung).

Wenn demgegenüber die Unabhängigkeit der mit der rechtsprechenden Gewalt betrauten Richter (Art. 92 GG) erst in Art. 97 Abs. 1 GG genannt wird, so steht dies nicht im Widerspruch zu dem soeben Ausgeführten. Art. 97 Abs. 1 ist *insoweit* nicht normativ zu verstehen, sondern als eine deklaratorische Wiederholung dessen anzusehen, was durch Art. 20 Abs. 2 S. 2 bereits (normativ) geregelt ist[190].

Gleichwohl kommt Art. 97 Abs. 1 GG in dem hier erörterten Zusammenhang eine wichtige Bedeutung zu. Mit der Anordnung „nur dem

---

[186] So in der Sache auch *Martens*, S. 74 f.
[187] Grundrechte III, 2, S. 525 ff.
[188] S. 525.
[189] *Bettermann*, S. 529.
[190] Zum Verhältnis beider Vorschriften zueinander vgl. *Bettermann*, S. 531 ff.

III. Postulat des Rechtsstaatsprinzips

Gesetze" unterworfen zu sein, bezeichnet die Vorschrift die einzige Voraussetzung, unter welcher der Richter im Verhältnis zu den übrigen Staatsgewalten gebunden ist. Die Berufung auf das Gesetz macht ihn folglich gegenüber allen anderen Staatsakten der Legislativ- und Exekutivgewalt immun[191]. Dieser Schutz wird ergänzt durch Art. 100 GG, wonach der Richter Entscheidungen aussetzen und die Verfassungsmäßigkeit des anzuwendenden Gesetzes vom zuständigen Verfassungsgericht überprüfen lassen kann. Dadurch soll verhindert werden, daß der Richter sich verfassungswidrigen Normen des Gesetzgebers beugen muß.

Neben diesen verfassungsrechtlichen Vorkehrungen bleibt für die Gerichtsöffentlichkeit kein Raum, als Garantin der politischen Unabhängigkeit des Richters zu fungieren; anders ausgedrückt: Das geltende Verfassungsrecht hat die Gerichtsöffentlichkeit jener Funktion enthoben, die sie — mit welchem Erfolg auch immer[192] — zu einer Zeit noch erfüllt haben mag, als der Grundsatz der Gewaltenteilung mangels verfassungskräftig normierter Absicherungen der Rechtsprechung durch Kabinettsjustiz und ministerielle Weisungen beliebig unterlaufen werden konnte. Die für damalige Verhältnisse zutreffende Feststellung *Feuerbachs* — „die verschlossenen Türen der Gerichtssäle öffnen freies Spiel jedem Minister, welcher Lust hat, verfassungswidrig die Unabhängigkeit und Freiheit der Gerichtsstellen anzutasten ... (und) durch angemaßte Gesetzerklärungen bürgerliche und peinliche Gesetze, sogar Grundgesetze des Staats, nach seinen Absichten zu wenden"[193] —, kann nach der soeben geschilderten Verfassungslage heute keine Gültigkeit mehr beanspruchen. Demgemäß muß auch die Behauptung, die offene Tür zum Gerichtssaal garantiere die politische Unabhängigkeit des Richters, unter den gegenwärtigen Bedingungen als historisch überholt (und auch unter dem Aspekt des Rechtsstaatsprinzips nicht rezipierbar) angesehen werden.

Ebenso wie die politische Unabhängigkeit des Richters ist seine Unabhängigkeit auch gegenüber den Verfahrensbeteiligten gesetzlich hinreichend garantiert. Nach §§ 22 ff. StPO ist die Mitwirkung eines Richters kraft Gesetzes überall dort ausgeschlossen, wo Tatsachen vorliegen, die emotionale Rücksichtnahmen begründen oder seine Neutralität und Objektivität beeinträchtigen[194] können, z. B. weil er in derselben Sache bereits in anderer Eigenschaft — etwa als Zeuge, Sachverständiger, Anwalt, Beamter der Staatsanwaltschaft[195] oder als Richter einer

---

[191] Inwieweit dienstrechtliche Bindungen zu „Abhängigkeiten" des Richters führen können, untersucht *Simon*, Die Unabhängigkeit des Richters, S. 21 ff.
[192] Vgl. dazu *Fögen*, S. 46 ff.
[193] *Feuerbach*, S. 170 f.
[194] § 22 Ziff. 1 bis 3 StPO.
[195] § 22 Ziff. 4 und 5 StPO.

Vorinstanz[196] — tätig geworden ist. Außerdem gewährt § 24 StPO jedem vom Ausgang des Prozesses betroffenen Verfahrensbeteiligten bei begründetem Mißtrauen in die Unparteilichkeit eines Richters das Recht, ihn wegen Besorgnis der Befangenheit abzulehnen. Neben diesen prozessualen Sicherungen genießt die Unabhängigkeit der Rechtsprechung durch die Inkriminierung der Richterbestechung (§ 334 Abs. 2 StGB) und der Rechtsbeugung (§ 336 StGB) auch strafrechtlichen Schutz.

Diesen gesetzlich verankerten Sicherungen der prozessualen Unabhängigkeit des Richters vermag die Gerichtsöffentlichkeit schon allein deshalb nichts hinzuzufügen, weil sie nur zur passiven Teilnahme am Verhandlungsgeschehen berechtigt; Reaktionen des Publikums, die ohnehin nur außerhalb des Gerichtssaals möglich sind[197], bleiben daher ohne prozessuale Wirkung. Im übrigen ist es auch allein Sache der Beteiligten, über die Unparteilichkeit des Gerichts zu wachen; denn sie — und nicht ein anonymer Kreis unbeteiligter Dritter — haben einen Anspruch darauf, vor Richtern zu stehen, die nach keiner Seite hin verpflichtet oder befangen sind[198].

Im Unterschied zur politischen und prozessualen Unabhängigkeit des Richters sucht man vergebens nach positiv-rechtlichen Vorschriften, die seine *soziale* Unabhängigkeit — also die gegenüber Verbänden, Organisationen, Presse etc. — ausdrücklich schützen. Daß die Forderung nach einem solchen Schutz nicht auf einer unbegründeten Überschätzung des Einflusses gesellschaftlicher Kräfte auf die Rechtsprechung beruht, kann man vor allem im Hinblick auf die Wirkung der von den Publikationsmedien geformten öffentlichen Meinung ermessen. Obwohl es über deren Einfluß auf die richterliche Überzeugungsbildung keine empirisch gesicherten Erkenntnisse gibt, läßt es sich doch nicht von der Hand weisen, daß mehr oder weniger sachlich geführte öffentliche Erörterungen zumindest die Gefahr der Beeinflussung der Richter begründen können[199]. Es wäre jedoch geradezu absurd, diese durch die Herstellung von Öffentlichkeit ja erst hervorgerufene Gefahr wiederum durch Öffentlichkeit eindämmen oder gar beheben zu wollen. Wirksame Abhilfe kann im Gegenteil nur dadurch geschaffen werden, daß man Maßnahmen findet, mit denen man vor allem die Informationsmedien daran hindert, ihre in der öffentlichen Hauptverhandlung gewonnenen Eindrücke in einer Weise zu erörtern, die der amtlichen Entscheidung des Verfahrens vorgreift.

---

[196] § 23 StPO.
[197] Vgl. § 172 GVG.
[198] Vgl. § 24 Abs. 3 StPO.
[199] Vgl. dazu BGHSt 22, 289 (294 f.); OLG Karlsruhe, NJW 1973, 1292; *Kohlhaas*, NJW 1963, 478; *ders.*, NJW 1970, 600; *Dahs*, AnwBl. 1959, 180.

Nach alledem bleibt als Fazit festzustellen, daß das Rechtsstaatsprinzip nicht geeignet ist, als Legitimationsgrundlage für die Gerichtsöffentlichkeit herangezogen zu werden.

d) Gerichtsöffentlichkeit als Bedingung allgemeinen Vertrauens in die Rechtsprechung

Die These von der Vertrauensfunktion des öffentlichen Verfahrens nimmt den wohl breitesten Raum unter den Argumenten ein, die zur Begründung rechtsstaatlich gebotener Gerichtsöffentlichkeit angeführt werden[200]. Auch dieser Aspekt hat eine Tradition, die bis in die Anfänge der Öffentlichkeitsdiskussion zurückreicht. *Feuerbach* schon hatte — wie bereits erwähnt[201] — auf die Gefahr hingewiesen, daß schwindendes Vertrauen in die Gerechtigkeit diese in der „öffentlichen Überzeugung" schließlich selbst zum Erlöschen bringe[202]. Dem vorzubeugen sei Grund genug, die Verfahrensöffentlichkeit zu fordern[203].

Dieser Gedanke *Feuerbachs* hat sich bis in die Literatur und Rechtsprechung der Gegenwart hinein behauptet; er bildet hier das tragende Argument, mit dem die Vertrauensfunktion der Gerichtsöffentlichkeit begründet wird. In der engen Anlehnung an *Feuerbach* liegt aber zugleich auch die Gefahr, der Historie in einem Maße zu verfallen, welches die Geltung jenes Arguments in der Gegenwart fraglich erscheinen läßt.

Die historische Situation, aus der heraus *Feuerbach* argumentierte, war gekennzeichnet vom tiefen Mißtrauen in den Inquisitionsprozeß und die Praktiken der geheimen Kabinettsjustiz absolutistischer Prägung[204]. Diese Situation ist heute angesichts rechtsstaatlicher Prozeßgarantien, welche die Unabhängigkeit der Gerichte verfassungskräftig absichern[205], überholt. Es wäre daher verfehlt, unter Berufung auf *Feuerbach* anzunehmen, die fehlende Öffentlichkeit würde das alte Mißtrauen wieder aufleben lassen, das die Strafprozesse der damaligen Zeit begleitete. Denn jene Prozeßgarantien, die unabhängig von der Öffentlichkeit des Verfahrens gelten, haben im wesentlichen die Funktion übernommen, die sich *Feuerbach* von der Einführung der Öffentlichkeit in rechtspolitischer Hinsicht erhofft hatte[206].

---

[200] Vgl. dazu *Schäfer* in *Löwe / Rosenberg*, Anm. 1 a vor § 169 GVG; *Kern*, Gerichtsverfassungsrecht, S. 310; *Peters*, Strafprozeß, S. 483; *Henkel*, Strafverfahrensrecht, S. 324; *Kühne*, NJW 1971, 227. BGHSt 2, 56 (57); 3, 386 (387); 4, 279 (283); 7, 218 (221); 9, 280 (281); 16, 111 (113); 21, 72 (72); 22, 297 (301).
[201] Vgl. oben I. 3.
[202] *Feuerbach*, S. 92.
[203] Zum Stellenwert dieses Gedankens in der *Feuerbach*schen Theorie vgl. oben I. 3.
[204] Vgl. *Rohde*, S. 158; ferner oben I. 3.
[205] Vgl. Art. 20 Abs. 2 und 3, sowie 92 und 97 Abs. 1 GG.
[206] Siehe auch *Rohde*, S. 157.

Hieraus wird deutlich, daß die Vertrauensfunktion der Öffentlichkeit wenn sie heute noch gelten soll, nach einer anderen Begründung verlangt als sie durch die Bezugnahme auf *Feuerbach* zum Ausdruck kommt[207]. Dies trifft auch dann zu, wenn man *Feuerbachs* Beobachtung insofern eine zeitlose Gültigkeit beimißt, als das Mißtrauen gegenüber jeglichen Geheimhaltungsversuchen, insbesondere aber gegenüber denen der öffentlichen Gewalt, eine psychische Reaktion darstellt, die in der Bevölkerung heute ebenso fest verankert ist wie damals. So richtig diese Einschätzung im allgemeinen auch sein mag, so wenig vermag sie im Hinblick auf den Strafprozeß zu überzeugen. So sind beispielsweise keine Anzeichen des Mißtrauens gegenüber der Justiz bekannt geworden, als sich der Gesetzgeber in mehreren Novellen entschloß, das Öffentlichkeitsprinzip zu durchbrechen und für bestimmte Teile des Verfahrens[208], ja, sogar für ganze Verfahrensarten — wie etwa in Jugendstrafsachen (§ 48 Abs. 1 JGG) — die Nichtöffentlichkeit vorzuschreiben. Gerade am Beispiel des § 48 Abs. 1 JGG zeigt es sich, daß die überlieferten Argumente, mit denen das Vertrauen der Gerichtsöffentlichkeit begründet wird, doch nicht so evident sind, wie dies nach den einschlägigen Passagen in Rechtsprechung und Literatur den Anschein hat.

Der gleiche Vorwurf trifft auch die zweite, in diesem Zusammenhang oft vorgebrachte Argumentation. Nach ihr soll sich das Vertrauen in die Rechtsprechung als Folge der Kontrollmöglichkeit einstellen, welche die Öffentlichkeit des Verfahrens dem Volk über die Justiz angeblich eröffnet[209]; die Öffentlichkeit — so wird behauptet — vermittle die Gewißheit, daß keine sachfremden Umstände das Gericht und damit das Urteil beeinflussen[210].

Abgesehen davon, daß hierbei unterstellt wird, das Publikum verfüge über ausreichend juristische Kenntnisse, um zwischen sachfremden und sachgemäßen Umständen unterscheiden zu können[211], beruht diese Ansicht auf der irrealen Prämisse, der öffentliche Strafprozeß böte keinerlei Möglichkeiten, um sachwidrige Erwägungen in die Entscheidungen einfließen zu lassen. Allein die geheimen Beratungen über so wichtige Fragen wie die der Beweiswürdigung, des Schuldspruchs und der Strafzumessung zeigen, daß die befürchteten Gefahren trotz öffentlicher Verhandlung keineswegs ausgeräumt sind.

---

[207] *Rohde,* S. 157 ff.
[208] Vgl. §§ 171 a, 172 GVG; ferner die (für den Zivilprozeß relevanten) §§ 170, 171 GVG.
[209] Zur Kontrollfunktion der Gerichtsöffentlichkeit vgl. neuerdings auch *Roxin,* in Festschrift für Peters, S. 396 ff.
[210] Vgl. *Sarstedt,* JR 1956, 122; *Weidemann,* DRiZ 1970, 115.
[211] Skeptisch auch *Martens,* S. 74 f.; *Kauffmann,* Justiz und Öffentlichkeit, S. 56.

III. Postulat des Rechtsstaatsprinzips

Im übrigen vermag die These von der Vertrauensfunktion der Öffentlichkeit auch deshalb nicht zu überzeugen, weil das Mißtrauen in die Justiz meist auf anderen Ursachen als auf fehlender Öffentlichkeit beruht. Dies beweist ein kurzer Blick in die jüngere Rechtsgeschichte. In ihr ist das Verhältnis zwischen Strafjustiz und Bevölkerung mehrfach Störungen ausgesetzt gewesen, die unter dem Schlagwort „Vertrauenskrise der Justiz"[212] als Diskussionsgegenstand bis hinein in den politischen Alltag wirken.

Das Mißtrauen, das sich in den zwanziger Jahren gegen die Justiz richtete, war geprägt vom Verdacht der politischen Befangenheit der Richter gegenüber der Weimarer Republik[213]; es kam im Dritten Reich in dem Vorwurf zum Ausdruck, der Richterstand habe gegenüber dem Nationalsozialismus versagt[214] und beruhte schließlich nach 1945 auf dem Verdacht, daß „die alten Geister wieder dabei" seien[215]. Wesentlich komplexer sind hingegen die Ursachen, die gegenwärtig das Vertrauensverhältnis zur Justiz belasten. Die Kritik, in der sich das Mißtrauen gegenüber der Justiz artikuliert, reicht — um nur einige Aspekte herauszugreifen — vom Vorwurf der Rückständigkeit[216], der Rechtsferne[217] und Rechtsfremdheit[218] bis hin zu der Beschuldigung, eine unpolitische[219], von den eigenen unbewußten Wertvorstellungen der Richter geprägte Klassenjustiz[220] zu sein, die „zum Nachteil der nichtherrschenden Schichten"[221] ein bestimmtes Herrschaftssystem sanktioniert[222].

Diese Vertrauenskrisen sind sämtlich *trotz* Geltung des Öffentlichkeitsprinzips und *unabhängig* von ihm entstanden; sie sind auch, zumindest was die Krise während der ersten drei genannten Zeitabschnitte anbelangt, durch die Einwirkung anderer Faktoren als durch Öffentlichkeit wieder beigelegt worden. Aber auch bezüglich der Barrieren, die sich der Entwicklung eines besseren Vertrauensverhältnisses zwischen Bevölkerung und Justiz derzeit noch entgegenstellen, wäre es irrig anzunehmen, sie könnten durch die Öffentlichkeit des Verfahrens

---

[212] Vgl. *Rohde*, S. 159; *Wassermann*, DRiZ 1963, 294.
[213] Erhärtet wurde dieser Verdacht durch Urteile wie „Reichsfahne"; „Judenrepublik"; Ossietzky"; vgl. dazu *Schiffer*, S. 9 ff.
[214] Dazu *Schiffer*, S. 19 ff.
[215] Vgl. *Schiffer*, S. 26.
[216] Vgl. *Hagen*, ZRP 1972, 156 ff.
[217] *Wassermann*, DRiZ 1963, 295.
[218] *Thiesmeyer*, DRiZ 1964, 73.
[219] *Görlitz*, JuS 1970, 267 ff.
[220] Vgl. *Rottleuthner*, KJ 1969, 1 ff.; *Rasehorn*, KJ 1969, 273 ff. Vgl. zum Verhältnis Gesellschaft und Justiz auch die Analyse von *Kaupen*, Die Hüter von Recht und Ordnung, S. 20 ff.
[221] *Richter*, JZ 1974, 345.
[222] *Görlitz* (FN 219).

abgebaut werden. Die Ursachen für das gegenwärtige Mißtrauen gegenüber der Justiz liegen in der weitgehenden Kommunikationslosigkeit zwischen ihr und der Gesellschaft[223]. Diese Kommunikationslosigkeit droht aber — so paradox sich das auf den ersten Blick auch ausnehmen mag — durch das Institut der Verfahrensöffentlichkeit geradezu noch zementiert zu werden. Zur Veranschaulichung dieses Phänomens sei auf die systemtheoretische Analyse des Öffentlichkeitsprinzips durch *Niklas Luhmann*[224] verwiesen, in der sich die Zwecksetzungen des gegenwärtigen Strafverfahrens, insbesondere die dadurch zum Ausdruck kommenden Kommunikationsbeziehungen exakt widerspiegeln[225].

Öffentlichkeit hat nach *Luhmann* die Funktion, die im Strafverfahren ergehenden Entscheidungen zu legitimieren[226]. Die Teilnahme eines unbeteiligten Publikums am Verfahren bewirke, daß ein allgemeiner Konsens über die Richtigkeit und Gerechtigkeit der getroffenen Entscheidungen hergestellt „oder doch durch Nichtäußerung von Dissens fingiert" werde[227]. Die Folge sei, daß derjenige, der sich gegen die Entscheidungen auflehnt, als Querulant isoliert werde[228].

Im systemtheoretischen Modell *Luhmanns* bedeutet dies eine Stabilisierung des Systems — sprich des Strafrechts und seiner Durchsetzungsmechanismen; denn der Dissens über eine als verbindlich akzeptierte Entscheidung wird allein dem zugerechnet, der gegen sie rebelliert, aber „nicht auf ein Versagen der Institution zurückgeführt"[229].

Nun läßt sich aber dieser Scheinkonsens nur dann aufrechterhalten, wenn man der Öffentlichkeit der Verhandlung gleichzeitig unterstellt, sie vermittle allgemein die Überzeugung, „daß in ernsthafter, aufrichtiger und angestrengter Bemühung Wahrheit und Recht ermittelt werden"[230]. Die unterentwickelte Kommunikation zwischen Gesellschaft und Justiz[231] wird m. a. W. festgeschrieben, indem man letzterer Redlichkeit und Vertrauenswürdigkeit einräumt, soweit sie nur öffentlich verhandelt[232].

Die Relativität dieser Betrachtungsweise wird deutlich, wenn man sie im Kontext des ihr zugrundeliegenden Verfahrensbegriffs würdigt.

---
[223] *Lautmann*, S. 54 ff.
[224] Legitimation durch Verfahren, S. 121 ff.
[225] *Lautmann*, S. 55; ferner *Fögen*, S. 66.
[226] *Luhmann*, S. 121 ff.
[227] *Luhmann*, S. 122 f.
[228] *Luhmann*, S. 122 f.
[229] *Luhmann*, S. 123.
[230] *Luhmann*, S. 123.
[231] *Lautmann*, S. 55.
[232] *Fögen*, S. 64.

III. Postulat des Rechtsstaatsprinzips

Nach *Luhmann* liegt die Funktion des Öffentlichkeitsprinzips „in der *Symbolbildung*, in der Ausgestaltung des Verfahrens als eines Dramas, das richtige und gerechte Entscheidungen *symbolisiert*"[233]. Aus dieser Sicht, aus der die öffentliche Hauptverhandlung als szenisches Ereignis begriffen, das Tribunal mithin zur Bühne wird, können und *müssen* notwendigerweise alle nichtinszenierbaren Vorgänge — wie Beratungen und Abstimmungen[234] — dem Publikum vorenthalten bleiben; denn die Fiktion des öffentlichen Strafverfahrens als eines Dramas impliziert, daß sich der Zuschauer im Hinblick auf jene nicht darstellbaren Vorgänge indifferent verhält, weil sie für die „symbolischexpressive Funktion"[235] des Strafverfahrens, in dem es ja einzig auf die symbolisch vermittelte Richtigkeit der getroffenen Entscheidungen und damit auf deren szenische Darstellung ankommt, irrelevant sind[236].

Es mag als soziologische Hilfskonstruktion aufschlußreich sein, den Strafprozeß als ein auf Rollenebene integriertes Schauspiel zu begreifen; Bedenken ergeben sich jedoch, wenn man dieses Modell zur Grundlage juristischer Aussagen erhebt. Es erschöpft sich nämlich in Fiktionen, die zwar ein „lautloses Funktionieren"[237] der Justiz gewährleisten, die im übrigen aber die Ursache jenes Mißtrauens gleichsam institutionalisieren, welches gegenwärtig das Verhältnis zwischen Justiz und Gesellschaft belastet: den Mangel an Kommunikation. Daß er sich nicht beheben läßt, indem man die Kommunikationsbasis zwischen Strafjustiz und Gesellschaft auf das szenisch Darstellbare — also durch Öffentlichkeit Einsehbare — reduziert, ist eine Erkenntnis, die, wie vor allem die Forderungen aus den Reihen der Justizjuristen beweisen, ständig an Boden gewinnt. So propagierte beispielsweise *Wassermann* bereits im Jahre 1963, die Justiz möge sich zur Öffentlichkeitsarbeit bekennen und durch „kritische Aufklärung"[238] verzerrten Vorstellungen in der Bevölkerung entgegentreten. Hierin, nicht aber im Rechtsinstitut der Verfahrensöffentlichkeit, dürfte in der Tat ein erfolgversprechender Ansatz — wenngleich auch nicht die Lösung — liegen, um ein wirksames Vertrauensverhältnis zur Gesellschaft zu begründen[239].

---

[233] *Luhmann*, S. 124.
[234] Vgl. §§ 192 ff. GVG.
[235] *Luhmann*, S. 124.
[236] Denn die szenische Darstellung der Entscheidung vermittelt — so *Luhmann*, S. 124 — symbolisch deren Richtigkeit.
[237] *Lautmann*, S. 55.
[238] *Wassermann*, DRiZ 1963, 296; ders., Justiz und Öffentlichkeit, S. 81 f.
[239] Zum Problem Öffentlichkeitsarbeit und Justiz vgl. *Bührke*, DRiZ 1966, S. 5 ff.; ders., Justiz und Öffentlichkeit, S. 26 f., 30 ff.; *v. La Roche*, S. 69; sowie allgemein zu dieser Thematik den Bericht über den 11. Deutschen Richtertag

IV. Gerichtsöffentlichkeit und Strafzweck (Generalprävention)

Der Gedanke, die Gerichtsöffentlichkeit lasse sich in den Dienst strafrechtspolitischer Zwecke stellen, ist so alt wie die Öffentlichkeitsdiskussion selbst. Bereits die Verfasser des Gutachtens der preußischen Immediatjustizkommission[240], wie auch zahlreiche andere Autoren des 19. Jahrhunderts[241], sahen in der Gerichtsöffentlichkeit ein geeignetes Mittel, die Allgemeinheit vor der Begehung von Straftaten abzuschrecken.

Dieser generalpräventive Aspekt ist in der neueren Literatur wiederholt hervorgehoben worden. So meint *Jescheck*[242] (im Hinblick auf die Wirkungen der Presse), „der Einfluß des Strafgesetzes und der Urteilstätigkeit der Gerichte auf die Erziehung des Bürgers zur Rechtstreue" vollziehe sich weitgehend durch die Öffentlichkeit der Verhandlung. Deutlicher noch formuliert es *Zipf*[243]; nach ihm stehen Öffentlichkeitprinzip und Generalprävention „in einem untrennbaren funktionalen Zusammenhang"[244].

Es soll an dieser Stelle nicht den Bedenken nachgegangen werden, die sich dem kritischen Betrachter angesichts der mangelnden empirischen Absicherung und der daraus resultierenden Fragwürdigkeit solcher Thesen stellen[245]. Aber selbst wenn man letztere als richtig unterstellte, so erstaunt die Selbstverständlichkeit, mit der ihre Verfechter über die bloße Feststellung der generalpräventiven Wirkung des öffentlichen Verfahrens hinausgehend, die Generalprävention schlechthin als Legitimationsgrundlage der Gerichtsöffentlichkeit ausgeben. Abgesehen von den logischen Bedenken gegen einen derartigen Schluß, bei dem aus einer empirischen Tatsache eine juristische — also normative — Aussage abgeleitet wird, wirft die Behauptung eine Reihe materiellrechtlicher Fragen auf.

So hätte es vom Standpunkt jener Autoren aus nahegelegen, sich mit dem verfassungsrechtlichen Problem auseinanderzusetzen, ob die Generalprävention in ihrer Bedeutung als Abschreckung potentieller Rechtsbrecher mit dem Menschenbild des Grundgesetzes vereinbar ist,

---

in Kassel vom 18./19. 10. 1963, der unter dem Thema „Justiz und Öffentlichkeit" stand (DRiZ 1963, 373 ff.). Vgl. ferner *Zitscher*, S. 91.

[240] Vgl. *Schiff*, S. 21.

[241] Dazu *Alber*, S. 95 f.; ferner *Rohde*, S. 144 ff.

[242] ZStrW 71 (1959), S. 6; ähnlich auch *Rohner*, SchwZStr 88 (1972), 162.

[243] Kriminalpolitik, S. 94.

[244] Für die generalpräventive Funktion der Gerichtsöffentlichkeit sprechen sich ferner aus: *Jescheck* (FN 242); *Martens*, S. 75; vgl. auch *Stock*, S. 445.

[245] Zur Fragwürdigkeit des Einflusses der Generalprävention auf die Kriminalität vgl. *Bruns*, S. 61 m. w. Nachw.

IV. Generalprävention

weil sie den Angeklagten als Mittel zur „Beeinflussung anderer"[246] einsetzt[247]. Mit der Verneinung dieser Frage, wofür sich in der Literatur zahlreiche Stimmen finden[248], wäre der Interpretation der Gerichtsöffentlichkeit als eines Rechtsinstituts zur Durchsetzung generalpräventiver Ziele ein erhebliches Maß an Überzeugungskraft genommen.

Aber selbst wenn man den Gedanken der Allgemeinabschreckung beiseite ließe und die Generalprävention auf die — verfassungsrechtlich weniger verfängliche — Funktion reduzierte, die ihr das Gesetz in den §§ 47 und 56 StGB[249], beimißt, wären die Zweifel an ihrer Eignung, als Legitimationsgrundlage der Gerichtsöffentlichkeit zu dienen, nicht ausgeräumt[250]. Betrachtet man die §§ 47 und 56 StGB, die unter dem Begriff „Verteidigung der Rechtsordnung"[251] den Gesichtspunkt der „Erhaltung der Rechtstreue der Bevölkerung"[252] in den Vordergrund generalpräventiver Strafzweckerwägungen stellen[253], im Kontext der kriminalpolitischen Gesamtkonzeption des Gesetzgebers, so wird deutlich, daß die Generalprävention nur als *Ausnahme* gegenüber den auf der Grundlage der Schuld des Täters (§ 46 Abs. 1 S. 1 StGB) zu berücksichtigenden spezialpräventiven Zielen des § 46 Abs. 1 S. 2 StGB in Betracht kommt[254]. Damit erhebt sich die weitere, von den genannten Autoren unberücksichtigt gelassene Frage, ob eine vom materiellen Recht als Ausnahme vorgesehene Strafzweckbestimmung zum Fundament einer verfahrensrechtlichen *Grundregel* erhoben werden kann.

---

[246] *Koffka* zit. nach *Bruns*, S. 325 f. FN 7.
[247] Vgl. die Nachweise bei *Bruns*, S. 245 FN 39.
[248] Siehe FN 247.
[249] Als §§ 14 und 23 StGB eingeführt durch das 1. StrRG vom 25. 6. 1969, BGBl. I, S. 645 ff.
[250] Zur Frage der Verfassungsmäßigkeit der Formel „Verteidigung der Rechtsordnung" vgl. BVerfGE 28, 386, 391. Bedenklich — gemessen an dieser Entscheidung — die Ausführungen des BGHSt 24, 40 (44); dazu *Schröder*, JZ 1971, 242.
[251] Ausführlich zu diesem Begriff *Horstkotte*, NJW 1969, 1602; *Sturm*, JZ 1970, 85; *Schröder*, JZ 1971, 241 ff.
[252] *Schröder*, a.a.O., S. 242; ähnlich BGHSt 24, 40 (45 f.); 24, 64 (66 ff.).
[253] In diesem Zusammenhang ist darauf hinzuweisen, daß eine Reihe von Autoren die Gerichtsöffentlichkeit mit dem Hinweis begründet, sie diene zur „Stärkung des allgemeinen Rechtsbewußtseins" (*Wettstein*, S. 51 f.) in der Bevölkerung, weil sie dem Bürger die Möglichkeit eröffne, sich davon zu überzeugen, daß dem Verbrechen in angemessener Weise begegnet wird (vgl. auch *Henkel*, Strafverfahrensrecht, S. 324; *Bockelmann*, NJW 1960, 221). Allerdings wird dieser Gesichtspunkt meist als selbständiger Legitimationsgrund neben der Generalprävention genannt (so etwa *Wettstein*). Es besteht nach dem Gesagten jedoch kein Zweifel, daß es sich in Wirklichkeit um den vom Begriff der „Verteidigung der Rechtsordnung" umfaßten Aspekt der Generalprävention handelt.
[254] Zum Ausnahmecharakter vgl. *Kunert*, MDR 1969, 709 f.; *Schwalm*, JZ 1970, 490 f.; *Zipf*, Einführung, S. 98; a. A. *Dreher*, § 46 Rdnr. 6.

§ 2. Funktion der Verfahrensöffentlichkeit

Diese Einwände erweisen sich allerdings nur als zweitrangig gegenüber den Bedenken, die einer generalpräventiv motivierten Begründung der Gerichtsöffentlichkeit schon vom Ansatz her entgegengebracht werden müssen. Sie richten sich gegen die unzutreffende Einschätzung des Verhältnisses von materiellem Recht (Generalprävention) einerseits und Verfahrensrecht (Öffentlichkeitsprinzip) andererseits. Während das materielle Recht den Grund und das Maß staatlicher Strafe bestimmt, bildet das Verfahrensrecht die Richtschnur, nach der im Prozeß untersucht wird, ob und in welcher Höhe im Einzelfall eine Strafe zu verhängen ist[255]. Daß sich damit Zusammenhänge zwischen Strafzwecken und Verfahrensprinzipien ergeben, bedarf keiner näheren Ausführungen; es gehört zu den unbestrittenen Grundannahmen der Strafrechtswissenschaft, daß materielles Strafrecht und Strafprozeßrecht eine Einheit bilden[256].

Demgemäß lassen sich auch Beziehungen zwischen Strafzweckgesichtspunkten und dem Verfahrensprinzip der Öffentlichkeit herstellen. Das eindrucksvollste Beispiel hierfür bietet das Jugendstrafverfahren. Weil im Vordergrund des Jugendstrafrechts die Spezialprävention, insbesondere die Erziehung des jugendlichen Täters steht, hat man bei der Ausgestaltung des Verfahrens bewußt auf die Übernahme des Öffentlichkeitsprinzips verzichtet (§ 48 Abs. 1 JGG), um den Strafzweck nicht dadurch zu gefährden, daß Umwelteinflüsse die Erziehung des Jugendlichen erschweren oder verhindern[257].

Hieraus läßt sich allgemein die Feststellung treffen, daß die Einheit von Strafrecht und Strafprozeßrecht es u. U. verbieten kann, an Verfahrensmaximen wie dem Öffentlichkeitsprinzip festzuhalten, wenn diese im offenen Gegensatz zu materiell-rechtlichen Grundsätzen stehen[258]. Das bedeutet umgekehrt aber nicht, daß strafrechtliche Ziele mit verfahrensrechtlichen Mitteln verwirklicht werden können. Hierin liegt der entscheidende Fehler in der Argumentation derer, die meinen, die Legitimation der Gerichtsöffentlichkeit mit dem Hinweis auf ihre generalpräventive Wirkung begründen zu können[259].

Dies gilt zunächst in methodischer Hinsicht; es wird der Anschein erweckt, als ginge es im Stadium der Hauptverhandlung einzig und allein darum, auf die Verurteilung des Angeklagten hinzuarbeiten. Sie ist aber neben dem Freispruch, der Anordnung einer Maßregel und der Einstellung des Verfahrens erst *eines* der möglichen *Ergebnisse* eines

---

[255] *Kern / Roxin*, Strafverfahrensrecht, S. 1.
[256] *Peters*, Strafprozeß, S. 7 ff.
[257] Vgl. *Schäfer*, in: *Löwe / Rosenberg*, Einl. Kap. 13 Rdnr. 99. *Eb. Schmidt*, Strafprozeßordnung Teil 1, Rdnr. 402.
[258] Näheres dazu unten § 4. IV. 3. d) cc).
[259] Siehe oben FN 244.

Strafprozesses[260]. Damit ist es schon rein begrifflich ausgeschlossen, Strafzweckgesichtspunkte zu einem konstitutiven Element von Verfahrensprinzipien wie dem Öffentlichkeitsgrundsatz zu erheben.

Schwerer noch wiegen die verfassungsrechtlichen Argumente. Geht man mit der einhelligen Auffassung davon aus, daß das geltende Strafrecht Schuldstrafrecht ist[261], so kann eine Strafe nur gegen denjenigen verhängt werden, dessen Schuld zweifelsfrei erwiesen ist[262]. Das Schuldprinzip wirkt insoweit als ein „Schutzprinzip"[263] für den Angeklagten; es bewahrt ihn davor, staatliche Strafreaktionen befürchten zu müssen, die ihre Grundlage nicht in der Schuld (§ 46 Abs. 1 S. 1 StGB) des Täters haben. Das bedeutet, daß generalpräventive Erwägungen nur dann platzgreifen, wenn ein schuldhaftes Verhalten festgestellt worden ist[264]. Da aber der Angeklagte bis zu seiner Verurteilung unter dem Schutz der Unschuldsvermutung steht[265], ist für die Verfolgung generalpräventiver Ziele im Rahmen des Strafprozesses, insonderheit der dem Urteil vorausgehenden Hauptverhandlung, kein Raum. Der Rekurs auf die Einheit des Strafrechts findet somit dort seine Grenze, wo verfassungsrechtlich abgesicherte Prozeßgarantien die Berücksichtigung kriminalpolitischer Zwecke verbieten. Diese Grenze ist mit der Anerkennung der Generalprävention als Legitimationsgrundlage der Gerichtsöffentlichkeit weit überschritten.

V. Gerichtsöffentlichkeit als Voraussetzung zur Befriedigung des allgemeinen Informationsbedürfnisses

„Wer wissen will, wie es im Gerichtssaal zugeht, verfüge sich dorthin ... oder er begnüge sich mit den Presseberichten, die die der Verhandlung beiwohnenden Gerichtsberichterstatter publizieren." Mit dieser Empfehlung umreißt *Eb. Schmidt*[266] die Möglichkeiten, die der Allgemeinheit zur Verfügung stehen, um sich über den im Gerichtssaal ausgebreiteten Prozeßstoff, über die Beteiligten und die Art und Weise, wie sie agieren, zu unterrichten.

Die vorliegende Untersuchung kann sich mit dieser rein tatsächlichen Feststellung jedoch nicht begnügen. Vielmehr muß sie sich — da sie den Wertgehalt der Gerichtsöffentlichkeit als einer normativen Kategorie[267] ermitteln will — einer Analyse über Qualität und Funktion die-

---

[260] Vgl. § 260 Abs. 1 S. 2 StPO.
[261] Vgl. *Stree*, in: *Schönke / Schröder*, § 46, Rdnr. 8 m. w. Nachw.
[262] Nulla poena sine culpa.
[263] *Zipf*, Kriminalpolitik, S. 97.
[264] *Bruns*, S. 311 ff.
[265] Siehe FN 262; ferner Art. 6 Abs. 2 MRK.
[266] Publicity, S. 343.
[267] Vgl. oben § 1. III.

ses Informationsbedürfnisses zuwenden. Hierfür ist es erforderlich, den Adressaten der Öffentlichkeit — das Publikum — und seine Erwartungshaltungen einer kritischen Betrachtung zu unterziehen, denn von ihnen hängt es ab, worin der Informationswert der Gerichtsöffentlichkeit liegt.

Ostermeyer[268] zeichnet von dem „Stammpublikum, das die Zuschauerbänke drückt", ein pessimistisches Bild; man habe den Eindruck von Leuten, die sich zum Zeitvertreib im Gerichtssaal einfänden, ohne dem Gang der Verhandlung wirklich folgen zu können[269]. Dieser Eindruck entspricht in der Tat der Beobachtung, die man für den weitaus größten Teil aller öffentlichen Strafprozesse machen kann; denn der anwesende Personenkreis beschränkt sich in den „alltäglichen" Prozessen (soweit an ihnen überhaupt Zuschauer teilnehmen) vornehmlich auf ein Publikum von Rentnern, das allenfalls gelegentlich einmal ergänzt wird von Schulklassen, die im Rahmen des Rechts- und Gemeinschaftskundeunterrichts einen flüchtigen Einblick in die Praxis der Gerichte gewinnen sollen. Hinzu kommen Verwandte und Bekannte des Angeklagten sowie Beteiligte[270], die als Publikum jedoch sämtlich atypisch sind, weil ihre Anwesenheit meist einmalig ist und — aus welchen Gründen auch immer — mit dem individuellen Schicksal des Angeklagten in Verbindung steht[271].

Man sieht sich angesichts dieser Situation an die im 19. Jahrhundert glossierte Beobachtung erinnert, wonach es die Wärmebedürftigen und die Kriminalstudenten seien, welche die Gerichtssäle füllen[272]. Freilich kann man wohl kaum heute einem Zuschauer mehr nachsagen, er fühle sich durch die Wärme im Gerichtssaal zur Teilnahme am Verhandlungsgeschehen hingezogen. Wohl aber läßt sich ein gewisses Behaglichkeitsempfinden nicht leugnen, mit dem ein großer Teil der Zuschauer den Gang der Verhandlung verfolgt; es ist jene schwer definierbare Mischung aus Neugier und Unterhaltungs- bzw. Sensationslust, wie sie vor allem in den sogenannten Sensationsprozessen, in denen die Besucherbänke meist bis auf den letzten Platz besetzt sind, ihren sichtbaren Ausdruck findet.

Es liegt nahe, dieser Einschätzung entgegenzuhalten, sie gründe auf einer empirisch zu geringen Basis, um verbindliche Aussagen über die Art des Zuschauerinteresses zu gestatten. Die geographische Streuung der Verhandlungen und ihre Terminierung auf Tageszeiten, zu denen

---

[268] Strafunrecht, S. 55.
[269] *Ostermeyer*, S. 55.
[270] Zeugen und Sachverständige, die nach ihrer Vernehmung auf den Zuhörerbänken Platz nehmen.
[271] Zum Gerichtspublikum siehe auch *Besser*, S. 55.
[272] Vgl. dazu *Alber*, S. 117.

V. Befriedigung des Informationsbedürfnisses 67

ein großer Teil der Bevölkerung seinen beruflichen Verpflichtungen nachgeht, bringt es mit sich, daß die Mehrzahl derer, „die wissen wollen, wie es im Gerichtssaal zugeht", sich mit den publizierten Gerichtsreportagen „begnügen" müssen[273]. Unter empirischen Gesichtspunkten müßte man sich daher konsequenterweise einer Betrachtung der journalistischen und redaktionellen Gestaltung von Prozeßreportagen in den verschiedenen Zeitungen und Zeitschriften zuwenden; denn beides, journalistische Darstellung wie redaktionelle Aufmachung einer Zeitung enthalten, schon aus kommerziellen Interessen des Verlegers, ein getreues Spiegelbild der Lesererwartungen des angesprochenen Publikums[274].

Es fällt jedoch angesichts des Mangels an repräsentativen Auswertungen forensischer Berichterstattung schwer, ein zuverlässiges Bild über die Informationserwartungen der Bevölkerung zu gewinnen. Gewiß, das augenfällige Bemühen eines an Titeln und Auflagenstärke gemessen großen Teils der Presse, sich publikumswirksamer Strafprozesse anzunehmen läßt erkennen, daß Berichte über Strafverfahren und die Biographie der in ihnen angeklagten Personen zur bestverkäuflichen Lektüre und damit zu den bevorzugten Themen in der Bevölkerung zählen. Unbestritten ist ferner auch die Neigung eines großen Teils der Presse zu reißerischer Aufmachung und zur verzerrten Wiedergabe des Prozeßgeschehens, dessen sachliche Darstellung vom Interesse, eine vermarktungsfähige Kriminalstory zu produzieren, verdrängt wird. Andererseits können aber auch diejenigen Reportagen und Kommentare nicht übersehen werden, in denen das Bestreben nach einer rationalen Einstellung gegenüber dem Angeklagten und der ihm zur Last gelegten Tat im Vordergrund steht. Ihnen korrespondiert ein Leserpublikum, dem an der kritischen Aufklärung über die Ursachenkette eines Verbrechens und der sachlichen Beschreibung des Täters sowie des Prozeßverlaufs mehr gelegen ist als an einer vorurteilsbesetzten Kriminalschilderung[275].

Hält man sich an das grobe Schema, das die Presse in „seriöse" und solche Druckerzeugnisse einteilt, denen es nur auf billige Unterhaltung und Sensation ankommt, so wird deutlich, daß es *die* Gerichtsberichterstattung nicht gibt[276]. Diese Klassifikation hilft jedoch insofern nicht weiter, als auch sogenannte seriöse Zeitungen, zu denen üblicherweise auch die regionale Tagespresse gezählt wird, in ihren Gerichtsberichterstattungen nicht frei sind von Tendenzen, die man im allgemeinen nur der Sensations- und Unterhaltungspresse anzulasten pflegt.

---

[273] *Eb. Schmidt*, Publicity, S. 343.
[274] *Wassermann*, Justiz und Öffentlichkeit, S. 75.
[275] Zur Bedeutung der Presse im Hinblick auf die Einstellung des einzelnen zum Rechtsleben, vgl. *Kohlhaas*, DRiZ 1963, 329.
[276] So *Ostermeyer*, Straflust, S. 82.

Dies ist das Ergebnis, zu dem *Ostermeyer* anhand der Analyse der Gerichtsberichterstattung in einer Regionalzeitung Niedersachsens gelangt[277]. Die Reportagen verraten — so *Ostermeyer* — „den Drang zur Bildung einer mit blumigen Redensarten oder slangartigen Ausdrücken ausgeschmückten Story"; durch Weglassen und Hinzuerfinden entsprängen sie „mehr der Phantasie des Reporters als dem Gang der Verhandlung"[278].

Mag man auch die Repräsentanz der von *Ostermeyer* durchgeführten Untersuchung bezweifeln, so läßt seine Analyse doch vermuten, daß die auf Sensation und Unterhaltung bedachte Gerichtsberichterstattung weit größere Verbreitung findet als es mit Blick auf die Auflagenstärke der Sensations- und Unterhaltungspresse den Anschein hat. Dies wiederum bestärkt die Annahme, daß das Informationsbedürfnis der Bevölkerung — und damit letztlich ihr Verhältnis gegenüber Strafprozessen schlechthin — von irrationalen Gefühlen geprägt wird, die in Neugier, Unterhaltungsbedürfnis und Sensationslust ihren Ausdruck finden.

Damit ist ein Problemkreis angesprochen, der die Psychoanalyse seit der grundlegenden Arbeit *Freuds*[279] wiederholt beschäftigt hat; es ist das Problem der psychoanalytischen Deutung von Strafe und Gesellschaft. Ihre Voraussetzungen gründen auf folgenden Erwägungen: Das Zusammenleben in der Gemeinschaft setzt ein gewisses Maß an sozialer Anpassung und damit an Triebverzicht voraus. Die Unterdrückung von Aggressionstrieben gelingt jedoch nicht vollständig, d. h. sie werden nicht gänzlich ins Unterbewußtsein verdrängt, sondern bleiben im Psychischen weiter wirksam. So entsteht ein Aggressionsstau, mit dem latente Schuldgefühle einhergehen. Wagt es jemand, sich der von der Gemeinschaft auferlegten Schranken zu entledigen und seinen aufgestauten Aggressionstrieben freien Lauf zu lassen, so weckt dies in denen, die sich dem Trieb versagen, das Bedürfnis, gleiches zu tun; sie identifizieren sich mit dem Gesetzesbrecher und erlangen so eine „imaginäre Ersatzbefriedigung"[280], die zwar die eigenen Aggressionen abbaut, die aber sogleich auch ein Aufleben der eigenen Schuldgefühle nach sich zieht. Da diese Schuldgefühle nunmehr ihrerseits nach Befriedigung — d. h. nach Bestrafung — verlangen, droht die soeben abgebaute Aggression in Gestalt erneuter Aggression (Bestrafung) sich gegen die einzelnen „straffällig" gewordenen Gesellschaftsmitglieder selbst zu wenden. Um diesen Zirkel aufzulösen, muß der Gesetzesbre-

---

[277] *Ostermeyer*, S. 82 ff.; vgl. zustimmend dazu *Keller*, Kriminalsoziologische Bibliografie 4 (1976), S. 15 ff.
[278] *Ostermeyer*, S. 87. Zur Qualität der Gerichtsberichterstattung vgl. auch *Besser*, S. 14 ff.
[279] Gemeint ist hier *Freuds* Schrift Totem und Tabu, Werke Bd. IX.
[280] *Ostermeyer*, Psychoanalyse, S. 33.

V. Befriedigung des Informationsbedürfnisses

cher „um die Frucht seines Wagnisses gebracht werden"[281]. Dies geschieht, indem man ihm die eigenen Schuldgefühle überbürdet und sich durch dessen Bestrafung von ihnen befreit (reinwäscht)[282]. *Enzensberger*[283] hat diesen Vorgang treffend in dem Satz zusammengefaßt: „Für den einzelnen ist jede Verurteilung eines anderen, und der Verbrecher wird stets als der schlechthin andere betrachtet, ein Freispruch."

Während die Strafe zu Zeiten des Prangers und der öffentlichen Hinrichtungen von den Umstehenden sichtbar miterlebt wurde, reduziert sich das Strafrelebnis heute auf einen „Gehirnvorgang bei der Lektüre der Morgenzeitung"[284]. Demgemäß sind die Leseerwartungen der Bevölkerung von dem Bedürfnis geprägt, ihr eigenes, im Wege der Schuldprojektion gegen den Straftäter gekehrtes Aggressionsempfinden durch die Presse bestätigt zu sehen. Da aber die Presse gegenüber den Leseerwartungen ihres Publikums nicht frei ist, und weil — wie *Ostermeyer* zutreffend feststellt — die Mehrzahl der Reporter selbst in jener kollektiven Einstellung der Bevölkerung gegenüber dem Straftäter verhaftet ist[285], nimmt es nicht Wunder, daß die Reportagen ein exaktes Spiegelbild jener vorgefaßten Perspektive darstellen. Dies erklärt auch die oft beklagte und kritisierte Neigung der Presse, den Angeklagten schon vor seiner Verurteilung als überführt und strafwürdig hinzustellen; denn die von ihr beabsichtigten und von den Lesern erwarteten Reaktionen können sich nur dann entfalten, wenn der Straftäter bereits in der Rolle des noch nicht überführten Angeklagten, also noch während des Ganges der Hauptverhandlung, in die Position des Schuldigen und damit in die des Sündenbocks, der seiner verdienten Strafe entgegensieht, gerückt wird.

Die Öffentlichkeit der Hauptverhandlung wirkt somit als ein Ventil, das nicht nur die im Verfahren unmittelbar Anwesenden, sondern auch die Leser einschlägiger Gerichtsreportagen in die Lage versetzt, sich ihrer Aggressionen und Schuldgefühle zu entledigen; m. a. W., die passive Teilnahme am Verhandlungsgeschehen bzw. dessen Nacherleben aufgrund von Gerichtsreportagen, verschafft der Gesellschaft gleichsam eine Ersatzbefriedigung dafür, daß sie, kraft des staatlichen Strafmonopols, ihrem Strafverlangen nicht selbst aktiv Ausdruck verleihen

---

[281] *Freud*, Werke Bd. IX, S. 89.
[282] Vgl. *Reiwald*, Gesellschaft, S. 266: „Die Gegenaggression hat ihre Befriedigung gefunden."
Zur psychoanalytischen Deutung der Strafe vgl. ferner: *Reik*, S. 5 ff., 134 ff.; *Alexander / Staub*, S. 203 ff., 383 ff.; *Hochheimer*, KJ 1969, 27 ff.; *Ostermeyer*, ZR P1972, 241 ff.; ders., Die bestrafte Gesellschaft, S. 55 ff.; *Mechler*, ZRP 1971, 1 ff.; *Ehrenzweig*, S. 263 f.; *Naegeli*, S. 170 ff.
[283] *Deutschland*, S. 89.
[284] *Ostermeyer*, Psychoanalyse, S. 32.
[285] *Ostermeyer*, S. 40.

darf. So gesehen bedeutet die Öffentlichkeit der Verhandlung für sie die Möglichkeit, an einem Geschehen teilzuhaben, das ihre ureigensten Bedürfnisse angeht. Dies gilt zunächst in bezug auf die Strafverfolgungsorgane — Richter und Staatsanwälte —, mit denen sich die Gesellschaft als den Trägern und Vollstreckern ihres Strafverlangens identifiziert. Es gilt aber gleichermaßen auch in bezug auf den Angeklagten, in dessen ihm zur Last gelegten Tat sich die latenten Wünsche der Gesellschaft widerspiegeln. Das Informationsbedürfnis der Gesellschaft entspringt daher ebenso dem affektiven Interesse am Schicksal anderer, das zugleich ihr eigenes sein könnte. Dieses Gefühl, das die Umgangssprache unscharf in die Begriffe Sensationslust, Neugier und Unterhaltungsbedürfnis kleidet, beschreibt Behr[286] treffend als „lustbetonte Angst"; es ist die „Lust" der Gesellschaft an kollektiver Triebabfuhr als der Befreiung von den eigenen Schuldkomplexen. Ihr gegenüber steht die „Angst" aus dem unterdrückten Verlangen nach Identifikation mit dem Täter[287].

Es darf freilich nicht verkannt werden, daß eine Verabsolutierung der psychoanalytischen Deutung des Strafbedürfnisses der Gesellschaft und damit der Art des Informationsinteresses der Gesellschaft am Strafverfahren, die Gefahr der einseitigen Betrachtung in sich birgt. Wie bereits angedeutet, läßt sie das Bestreben nach einer rationalen Einstellung gegenüber der Kriminalität, das sowohl in der Presse als auch in der Bevölkerung durchaus vorhanden ist, unberücksichtigt. Zwar mag es im Ergebnis richtig sein, daß diejenigen Zuschauer und Presseberichterstatter, die aus Neugier und Sensationslust an Strafprozessen teilnehmen bzw. zur Befriedigung dieser Gefühle anderer über sie berichten, die Mehrheit bilden; zu einer Verabsolutierung derart, daß die Öffentlichkeit der Verhandlung ausschließlich diesem Zweck dient, berechtigt der vorstehende Befund jedoch nicht.

VI. Fazit

Die bisherige Untersuchung hat ergeben, daß das Öffentlichkeitsprinzip die ihm bei seiner Einführung und in den Jahren davor zugeschriebene Funktion, Garant der Gerechtigkeit zu sein, nicht bzw. nicht mehr erfüllt. Auch die heute vertretenen Auffassungen, die das Rechtsinstitut auf Verfassungsgrundsätze, wie das Demokratie- und das Rechtsstaatsgebot stützen oder mit Strafzweckerwägungen (Generalprävention) begründen, konnten der Nachprüfung nicht standhalten.

---

[286] Sensationsprozeß, S. 225.
[287] Diese Interpretation entspricht der von Kierkegaard, S. 40, beschriebenen Dialektik des Begriffes Angst: „Angst ist eine sympathetische Antipathie und eine antipathetische Sympathie."

VI. Fazit

Als einzige das Öffentlichkeitsprinzip tragende Funktion wurde die Befriedigung des allgemeinen Informationsinteresses ermittelt. Letzteres erwies sich seinem Hauptinhalt nach als Ausdruck der Neugier sowie des Sensations- und Unterhaltungsbedürfnisses der Allgemeinheit.

Es ist hier nicht der Ort, in eine abschließende Beurteilung darüber einzutreten, ob es angesichts der Differenz zwischen Anspruch und Wirklichkeit der mit dem Öffentlichkeitsprinzip verfolgten Ziele einer Neuorientierung bezüglich dieses Rechtsinstituts einschließlich der daraus möglicherweise zu ziehenden strafprozessualen Konsequenzen bedarf. Ebensowenig ist es erforderlich, über die angeführten Überlegungen hinaus sich einer eingehenderen Analyse der Funktion zuzuwenden, die dem Öffentlichkeitsprinzip nach dem hier vertretenen Ergebnis zukommt, bzw. noch verbleibt. Für den weiteren Verlauf der Diskussion ist vielmehr allein die Frage ausschlaggebend, welcher Art das Informationsinteresse ist, das mit dem Pressefoto des Angeklagten befriedigt wird — oder anders ausgedrückt, was ein solches Bild an Information überhaupt zu vermitteln vermag — und welche Schlußfolgerungen *daraus* für das Öffentlichkeitsprinzip zu ziehen sind.

§ 3. Funktion und Aussagewert der Bildberichterstattung über den Angeklagten

I. Vorbemerkung

Der rhetorische Charakter von *Eb. Schmidts* engagierter Frage — „Was entgeht einem schon, wenn man in der Presse Bilder von Angeklagten *nicht* zu sehen bekommt?"[1] — legt es nahe, sie mit einem lakonischen „nichts" zu beantworten. Gegen eine solche Antwort spricht jedoch allein schon die Tatsache, daß sich in Gestalt der „Illustrierten" ein eigenständiger Medientypus etabliert hat (und sich ständig mit illustrierten Gerichtsberichterstattungen befaßt), der sich auf dem Zeitschriftenmarkt nicht behauptet hätte, wenn einem durch sein Nichtvorhandensein nichts entginge[2].

Gleichwohl ist die Frage, sofern man sie auf ihren Kern reduziert, berechtigt; dann nämlich, wenn man fragt, welchen Informationswert das Pressefoto des Angeklagten hat und welche Wirkungen von ihm ausgehen. So gestellt verweist die Frage auf eine Problematik, die das Pressefoto allgemein schon seit den Anfängen fotografischer Presseillustration begleitet. Während die Diskussion hierüber zunächst auf literarisch-feuilletonistischer Ebene geführt wurde[3], ist sie unter dem Einfluß von Kommunikations- und Publizistikwissenschaft zunehmend in das Blickfeld wissenschaftlichen Interesses gerückt[4]. Die folgende Untersuchung wird sich daher mit den Erkenntnissen dieser Disziplinen auseinanderzusetzen und zu versuchen haben, sie zur Lösung der Frage nach dem Informationswert des Angeklagtenfotos[5] und seinen Wirkungen auf die Betrachter[6] fruchtbar zu machen.

---

[1] Publicity, S. 351.

[2] Vgl. in ähnlichem Sinne auch *Feldmann*, Massenmedien, S. 112. Zum Verhältnis Illustrierte und Bildqualität vgl. *Bucerius*, S. 231 ff.

[3] Vgl. dazu *Dovifat*, Handbuch, S. 249.

[4] Zur Geschichte der wissenschaftlichen Auseinandersetzung um die Bedeutung des Pressefotos vgl. etwa *Schwarzer*, S. 4 ff.; *Stiewe*, Nachrichtenbild, S. 41 ff.; *Pawek*, Zeitalter, S. 25 ff.

[5] Unten II.

[6] Unten III.

II. Der Informationswert des Pressefotos

Der objektive Wert einer Information bemißt sich in erster Linie nach dem Grad ihrer Übereinstimmung mit dem Ereignis oder der Person, über das bzw. über die sie Auskunft gibt. Während Bericht und Zeichnung stets die individuellen Züge ihres Urhebers tragen, enthält das Bild, das die Kamera zeichnet, eine exakte Wiedergabe dessen, was sich im Augenblick der Aufnahme zugetragen hat. Das Zeitungsbild ist, so läßt sich mit *Feldmann* sagen, ein „Abbild der Wirklichkeit"[7]. Es mag daher befremden und als Widerspruch erscheinen, wenn andererseits Stimmen in der medienwissenschaftlichen Literatur warnen, „nichts" sei „falscher als der Glaube, das Zeitungsbild sei ein objektiver Tatsachenbeweis"[8]. Bei näherem Zusehen erweisen sich jedoch beide Aussagen als zutreffend. Die fotografische Aufnahme kann stets nur einen punktuellen Ausschnitt aus der zeitlichen Abfolge des Gesamtgeschehens reproduzieren[9]. Darin liegt ihre Stärke, aber zugleich auch ihre Schwäche; denn während die Wirklichkeitsnähe des fotografisch „festgehaltenen" Augenblicks außer Zweifel steht, sagt die Aufnahme nichts über ihren Wirklichkeitsbezug im Hinblick auf das (sich fortentwickelnde) Gesamtgeschehen aus. Im Gegenteil: der unbefangene Betrachter ist versucht, die Abbildung als „repräsentativ" oder „typisch" für das Gesamtgeschehen aufzufassen. Diese Gefahr der falschen Schlußfolgerung ist gemeint, wenn der Wirklichkeitsbezug des Pressefotos angezweifelt wird[10]. Man geht dabei — und das erklärt den vermeintlichen Widerspruch — strenggenommen von zwei verschiedenen Wirklichkeitsbegriffen aus: der momentanen Wirklichkeit, die von der Kamera fixiert wird und der von ihr nicht erfaßten Wirklichkeit des Gesamtgeschehens. Um dieser terminologischen Ambivalenz zu entgehen, empfiehlt es sich daher, den Begriff der Authentizität einzuführen und zu fragen, inwieweit der von der Kamera aufgezeichnete Wirklichkeitsausschnitt authentisch ist im Hinblick auf den Wirklichkeitszusammenhang, dem er entnommen ist und über den das Bild informieren will[11]. „Jedes gute Bild" — schreiben *Dovifat/Wilke*[12] — „läßt nicht nur ahnen, was vor der ‚punktuellen Wiedergabe des Ereignisses' war, sondern auch, was kommen wird". Diese seit *Lessings*

---

[7] Massenmedien, S. 74; ders., Studien, S. 77.
[8] *Dovifat/Wilke*, Zeitungslehre II, S. 129; vgl. auch dies., Zeitungslehre I, S. 89; ähnlich *Fabian*, S. 51; *Martin*, Publizistik 3 (1958), S. 144.
[9] *Mösslang*, S. 97.
[10] Vgl. oben FN 8.
[11] Es ist daher verfehlt und irreführend, wenn *Fulchignoni*, S. 17, der Fotographie schlechthin Authentizität beimißt.
[12] S. 101. Zeitungslehre II, S. 130.

Laokoon nunmehr schon „klassische" Erkenntnis vermittelt in plastischer Kürze, was man unter einem authentischen Bild — und Foto — zu verstehen hat. Sie gibt zugleich auch Aufschluß über den Maßstab, an welchem der Informationswert einer Illustration zu messen ist. Letzterer bestimmt sich nach dem Grad der Authentizität, d. h. der Fähigkeit des Bildes, Zeugnis von dem Gesamtgeschehen zu geben, aus dem es nur einen momentanen Ausschnitt widerspiegelt. Für den um ein authentisches Bild bemühten Fotoreporter bedeutet das, den psychologisch „typischen Moment" zu erfassen, „und im Bruchteil der Sekunde das Entscheidende festzuhalten"[13].

Unter Zugrundelegung dieser Voraussetzungen, die den Informationswert eines Pressefotos ausmachen, gilt es nunmehr zu untersuchen, ob und gegebenenfalls inwieweit dem Pressebild des Angeklagten Authentizität zugesprochen werden kann. Da die Hauptverhandlung ein dynamisches Ereignis (procedere) darstellt, in dessen Verlauf das optische Erscheinungsbild des Angeklagten (Mimik etc.) sich ständig wandelt, bestehen bereits an der Möglichkeit, ein authentisches Bild von ihm zu gewinnen, erhebliche Zweifel. Denn welche der Situationen für sich in Anspruch nehmen kann, typisch im Hinblick auf das Gesamtgeschehen zu sein, kann angesichts der Vielfalt der Ereignisse und der (fotografisch fixierbaren) Reaktionen des Angeklagten darauf — wenn überhaupt — nur schwer ermittelt werden. Gewiß zählen zu den „psychologisch typischen Momenten" nicht die Augenblicke, die wegen ihrer besonderen Spannung für den Angeklagten von den Reportern oft als Zeitpunkt für Aufnahmen gewählt werden; so etwa die Minuten, während denen der Angeklagte mit höchster innerlicher Gespanntheit auf das Erscheinen des Gerichts wartet, sei es zu Beginn eines (neuen) Verhandlungstages, sei es, um sein Urteil entgegenzunehmen. Auch „Höhepunkte"[14] während des Verhandlungsgeschehens, die einer gewissen Dramatik bisweilen nicht entbehren mögen, gehören regelmäßig nicht zu den typischen Situationen. So beschreibt *Mauz*[15] in seinem Kommentar zu einem Mordprozeß das Verhalten von Pressefotografen, das hier nur exemplarisch für ähnliche Vorgänge stehen soll, wie folgt: „Da schluchzt eine Angeklagte auf und die Fotografen schießen Trommelfeuer." —

Mag man den insbesondere für Illustrierte tätigen Bildreportern zugute halten, ihre Motive so auswählen zu müssen, daß diese der Funktion gerecht werden, die Pressebilder erfüllen sollen, nämlich den Leser zum intensiven Hinsehen zu veranlassen[16]. Gerade das macht aber den

---

[13] *Dovifat*, Handbuch, S. 250; vgl. auch *Dovifat / Wilke*, Zeitungslehre II, S. 127 f.: Der Reporter „hat die Ereignisse auf ihrer Höhe ... zu treffen".
[14] Siehe *Dovifat* (FN 13).
[15] Der Spiegel Nr. 35, 28. Jahrg. (1974), S. 54.
[16] Vgl. *Dovifat / Wilke*, Zeitungslehre II, S. 129.

II. Der Informationswert des Pressefotos

Informationswert solcher Fotos zweifelhaft. Um den Blick des Lesers zu fesseln, müssen sie zunächst erst einmal seine Aufmerksamkeit wecken. Dies ist um so schwieriger, je mehr optische Reize in Gestalt anderer Bilder auf den Leser einfließen. Der Bildreporter muß daher darauf bedacht sein, daß „sein" Foto den Rezipienten auch dann noch erreicht, wenn dieser — wie es bei Illustrierten stets der Fall ist — einer fast erdrückenden Fülle von optischen Einflüssen und Reizen ausgesetzt ist[17].

Auf optische Wirkung ausgerichtete Motivwahl, verbunden mit einer den Rezipienten zum „Hinsehen" animierenden Bildgestaltung, gehen aber notwendigerweise zu Lasten der Authentizität des Pressefotos. So entstandene Angeklagtenportraits tragen, obwohl sie fotografisch getreu sind, rein zufälligen Charakter; sie zeigen aus dem bewegten Minenspiel willkürlich herausgerissene „erfrorene Gesichtszüge"[18], die den Angeklagten nicht selten so entstellen, daß man sie Bildfälschungen in vielen Fällen ohne weiteres gleichsetzen kann[19].

Hiergegen läßt sich freilich einwenden, daß die Bildberichterstattung über den Angeklagten für sich betrachtet den Anspruch auf Authentizität weder erhebt noch erheben kann, sondern auf einen erläuternden Text angewiesen ist, der Auskunft gibt über die Situation, in der das jeweilige Foto entstanden ist. Dieser Einwand ist insoweit zutreffend, als das Pressefoto in der Tat (nur) den Informationswert besitzt, „den ihm der begleitende Text verleiht"[20]. Damit ist aber das Problem der Authentizität noch nicht gelöst; denn eine Aufnahme, die den Angeklagten in sichtbar gespanntem oder erregtem Zustand zeigt, wird nicht dadurch zu einem für sein Gesamterscheinungsbild repräsentativen Beleg, daß ein Begleittext erläutert, unter welchen Umständen und in welcher Situation sie entstanden ist. *Mösslangs* provokante These, es gäbe „kein Foto, dessen optischer Inhalt durch den erklärenden Text nicht vollkommen verfälscht werden könnte"[21], deutet vielmehr darauf hin, daß sich gerade im Begleittext eine Gefahrenquelle eröffnet, die der Authentizität des Pressefotos entgegenwirken kann.

Auf welche Weise ein Begleittext die Auslegung eines Angeklagtenfotos zu steuern vermag, läßt sich in Anlehnung an ein Beispiel *Mösslangs*[22] folgendermaßen veranschaulichen: Kommentiert man das Bild

---

[17] Eine — allerdings aus dem Jahre 1959 stammende — Übersicht über den Anteil an Illustrationen und ihrer ressortmäßigen Verteilung in Tageszeitungen findet sich bei *Martin*, Publizistik 6 (1961), S. 29 und 35.
[18] *Dovifat*, Handbuch, S. 250.
[19] *Dovifat* (FN 18).
[20] *Mösslang*, S. 98; zum Verhältnis Bild und Wort vgl. auch *Wohlfarth*, S. 23 ff.
[21] S. 103; zur Bildverfälschung vgl. auch *Gidalewitsch*, S. 52 f.
[22] FN 21.

§ 3. Funktion und Aussagewert der Bildberichterstattung

eines Angeklagten mit den Worten „Opfer einer Indizienkette", so ist der Betrachter geneigt, das Objekt tragischer Verstrickungen vor sich zu sehen. Schreibt man dagegen unter dasselbe Bild „Der brutale Kindesmörder vor Gericht", so „schaut uns aus demselben Gesicht der Teufel entgegen"[23].

Ein authentisches Bild, so wird man aus diesem Beispiel folgern, läßt sich nur gewinnen, wenn der Begleittext den Angeklagten so darstellt, wie ihn der in der Hauptverhandlung anwesende Zuschauer erlebt. Das stellt freilich an den Text höhere Anforderungen, als sie bei schlagzeilenähnlichen Bildbeschriftungen vorausgesetzt werden können. Erforderlich wäre deshalb eine Reportage, die das Verhandlungsgeschehen objektiv wiedergibt und den Leser in die Lage des Zuhörers versetzt, der im Gerichtssaal den Verlauf des Geschehens mitverfolgen und sich seine eigene Meinung darüber bilden kann. Eine objektive Berichterstattung würde jedoch ein wort- und situationsgetreues Spiegelbild des Prozeßgeschehens voraussetzen, eine Forderung, der allein schon aus Raumgründen kein Journalist genügen kann. Jede, auch die um Objektivität bemühte Reportage, kann deshalb nur eine geringe Auswahl dessen enthalten, was sich im Gerichtssaal tatsächlich abgespielt hat. Selektion aber bedeutet notwendigerweise Kürzung nach Maßgabe der subjektiven Wertung des Reporters; von einem objektiven Bericht kann daher strenggenommen nie gesprochen werden.

Hieraus wird deutlich, daß das „Bild", welches der Zuschauer im Gerichtssaal vom Angeklagten gewinnt, verschieden ist von dem, das der Leser der Presse entnimmt; denn während der unmittelbare Eindruck des Beobachters geprägt wird vom wirklichen Verhandlungsablauf, wie er sich unter der Führung des Gerichtsvorsitzenden entwickelt, erhält der Leser eine selektive Darstellung des Geschehens aus der Sicht des Gerichtsreporters. —

Im Zwang zur Kürzung liegt allerdings nicht die einzige Ursache für die mangelnde Authentizität des Presseberichtes. Letztere ist vielmehr auch — und vor allem — darauf zurückzuführen, daß insbesondere die um eine kritische Berichterstattung bemühten Journalisten[24] ihre eigenen, oft von großer Sachkompetenz getragenen Auffassungen in den Bericht einfließen lassen (wobei die Person des Angeklagten — wie etwa in den Reportagen des SPIEGEL-Berichterstatters *Gerhard Mauz* — meist im Zentrum der Betrachtungen steht). In dem Maße aber, in

---

[23] *Mösslang*, FN 21.
[24] Daß der Sensationsjournalismus nicht zur Objektivität beiträgt, bedarf keiner Begründung. Zu den Schwierigkeiten eines um sachliche Gerichtsberichterstattung bemühten Journalisten vgl. *Mauz*, Kriminalsoziologische Bibliografie 4 (1976), S. 3 ff., sowie — aus österreichischer Sicht — *Mikinovic*, S. 46 ff.

dem die (kritische) Berichterstattung von den subjektiven Wertungen des Reporters geprägt wird, die Reportage also den Charakter des Kommentars oder gar der Kolumne[25] annimmt, entfernt sie sich zwangsläufig von ihrem Bezugspunkt — der *Gerichts*verhandlung gegen den Angeklagten. Der Angeklagte, der in Bild und Text dem Leserpublikum vorgestellt wird, ist — so läßt sich resümieren — nicht der Angeklagte, den das Publikum im Gerichtssaal erlebt.

Eine andere mit seinem geringen Nachrichtenwert noch nicht beantwortete Frage ist es freilich, welche Wirkungen das Pressebild des Angeklagten auf den Rezipienten entfaltet. Hierauf wird im folgenden Abschnitt einzugehen sein.

III. Die Wirkung des Pressefotos

Die illustrierte Gerichtsberichterstattung wird, soweit sie den Angeklagten zum Gegenstand hat, oft mit dem Pranger, dem Schandpfahl der mittelalterlichen Strafrechtspflege, verglichen[26]. Damit soll zum Ausdruck gebracht werden, daß das Pressefoto des Angeklagten den Betrachter in eine ähnliche Lage versetzt, in der sich der mittelalterliche Passant befand, wenn er an einem angeprangerten Straftäter vorüberging.

In diesem Vergleich werden zwei Phänomene ihrem Inhalt bzw. ihrer Wirkung nach miteinander in Beziehung gesetzt, die bei rationaler Betrachtung — nicht nur wegen des zeitlichen Abstandes — unvergleichbar sind; denn im Unterschied zum Angeprangerten, der bereits als Straftäter verurteilt war, handelt es sich beim abgebildeten Angeklagten um einen Unschuldigen[27].

Die Eigenart der Bildinformation besteht jedoch gerade darin, daß sie sich dem Rezipienten nicht im Wege der rationalen Erfassung erschließt, sondern auf sensitiv-emotionaler Ebene wirkt. Das Bild — so lauten die einschlägigen Erklärungen — entzieht sich der Definition[28]; es steht „gegen den Begriff, die Form der Sinnlichkeit gegen die des Verstandes, die Anschauung gegen das Denken, der Mythos gegen den Logos"[29]. Das Bild „lebt" m. a. W. von der Assoziation, die es beim Betrachter auslöst.

---

[25] Zu den journalistischen Stilkategorien vgl. im einzelnen *Dovifat / Wilke*, Zeitungslehre I, S. 158 ff.

[26] Vgl. z. B. *H.-J. Schneider*, JuS 1963, 34, der die Bildberichterstattung als einen „technischen Pranger" bezeichnet; vgl. ferner *Wettstein*, S. 51; *Figge*, DJZ 1928, Sp. 797; *Rohde*, S. 147.

[27] Art. 6 Abs. 2 MRK (vgl. dazu unten § 4. IV. 3. d) cc).

[28] Vgl. *Pawek*, Zeitalter, S. 17.

[29] *Fabian*, S. 49.

Die Prangerwirkung des Angeklagtenportraits wäre hiernach auf die Assoziationskraft des Pressefotos zurückzuführen, welches beim Rezipienten die Vorstellung weckt, im abgebildeten Angeklagten einen bereits überführten und schuldig gesprochenen Straftäter vor sich zu sehen. Diese Schlußfolgerung trägt freilich insoweit nur den Charakter einer Hypothese, die es im folgenden näher zu untersuchen gilt.

Ebensowenig wie das rationale Erfassen von Informationen ohne ein bestimmtes Vorverständnis denkbar ist[30], ist es möglich, Bildinformationen voraussetzungslos aufzunehmen. Während rational erfaßbare Informationen dadurch gekennzeichnet sind, daß sie sich auf dem Rezipienten bereits bekannte Begriffe (oder mittels logischer Operationen auf solche) reduzieren lassen, beruht das Bildverständnis auf einer Voraussetzung, für die sich in den Medienwissenschaften — in Anlehnung an C. G. *Jung*[31] — die Bezeichnung „Archetypus" bzw. „Urbild" eingebürgert hat[32]. Den Ausgangspunkt dieser Theorie bildet die These, daß die Bildwahrnehmung, das „Erkennen" von Bildern, im Grunde ein „Wiedererkennen" von im Bewußtsein des Betrachters bereits existenten Urbildern ist. Der Rezipient beziehe — so *Fabian*[33] — den im Bild wahrgenommenen Gegenstand stets auf das (Ur-)„Bild" dieses Gegenstandes, „das er in sich trägt". Auf das Pressefoto des Angeklagten und dessen Prangerwirkung bezogen bedeutet das, daß sich der Rezipient des Archetypus' „Angeklagter" bewußt ist und dieses mit dem ebenfalls bereits vorhandenen Urbild „Straftäter" assoziiert. Das Bild des Angeklagten und das des Straftäters müßten folglich als einheitlicher Archetypus im Bewußtsein des Rezipienten verankert sein. Daß die Allgemeinheit ein wie auch immer geartetes „Bild" vom Angeklagten und vom Straftäter „in sich trägt", bedarf keiner Erörterung. Fraglich könnte jedoch sein, ob die erforderlich assoziative Verbindung zwischen beiden Archetypen gegeben ist.

Da assoziatives Erfassen erkenntnistheoretisch gesehen sich im Wege der Analogie vollzieht[34], liegt es im Hinblick auf die Ähnlichkeitsbeziehungen zwischen Angeklagtem und Straftäter nahe, die Frage zu bejahen; denn bei beiden handelt es sich um Personen, die sich strafrechtlich zu verantworten haben. Der Unterschied in ihrer Verantwortlichkeit und damit ihr rational betrachtet wesensmäßiger Unterschied ist

---

[30] Vgl. *Gadamer*, S. 252 ff.

[31] Werke, Bd. 8, S. 425 ff.; zum Begriff des Archetypus vgl. auch *dens.*, Werke, Bd. 9/1, S. 91 ff.

[32] Vgl. etwa *Fabian*, S. 51 ff.; *Mayer*, S. 59 m. wfl Nachw.

[33] S. 54.

[34] Insofern nämlich, als dabei „vom Besonderen auf ein Besonderes" geschlossen wird; vgl. allgemein dazu *Arth. Kaufmann*, Analogie, S. 25.

demgegenüber juristischer Natur³⁵. Von einer assoziativen Gleichstellung zwischen Angeklagtem und Straftäter könnte daher nur dann nicht ausgegangen werden, wenn jene juristische Unterscheidung in das Bewußtsein der Allgemeinheit bereits vorgedrungen wäre. Letzteres ist jedoch für den großen Teil der Zeitungs- und Zeitschriftenleser — freilich unter dem Vorbehalt fehlender empirischer Absicherung — zu verneinen³⁶. Es bleibt somit festzustellen, daß die illustrierte Gerichtsberichterstattung über den Angeklagten in der Tat eine Prangerwirkung derart entfaltet, daß der Rezipient den Eindruck gewinnt, im abgebildeten Angeklagten den bereits überführten und schuldig gesprochenen Straftäter vor sich zu sehen.

Diesem Ergebnis könnte man entgegenhalten, es treffe nur insoweit zu, als das Pressefoto des Angeklagten im Zusammenhang mit einer schlagzeilenähnlichen Bildbeschriftung oder mit einem Text sensationsbezogenen Inhalts wahrgenommen werde. Etwas anderes ergebe sich jedoch, wenn die Abbildung von einer Reportage begleitet werde, die sich sachlich mit der Person des Angeklagten und der ihm zur Last gelegten Tat auseinandersetze oder sogar beim Leser um Verständnis für den Angeklagten werbe. Diesem Einwand liegt die für sich genommen richtige Einschätzung zugrunde, daß Informationen über einen Sachverhalt durchaus geeignet sein können, die Meinungsbildung in dem vom Reporter intendierten Sinne zu beeinflussen. Wie kommunikationswissenschaftliche Untersuchungen ergeben haben, wirken die Informationen in den Massenmedien aber nur dann meinungsbildend, wenn sie auf Rezipienten treffen, die über den darin angesprochenen Sachverhalt keine Kenntnisse bzw. zu ihm keine Einstellungen haben³⁷. Personen mit vorgefaßten Meinungen hingegen bleiben von Informationen, die diesen Meinungsstereotypen zuwiderlaufen, regelmäßig unbeeinflußt³⁸.

Ein sachlich gehaltener Pressetext würde daher nur von solchen Lesern positiv aufgenommen, die ihrerseits eine rationale und unvoreingenommene Haltung gegenüber dem Angeklagten einnehmen. Das mag für eine Minderheit unter den Lesern zwar zutreffen; für ihre Mehrzahl muß jedoch davon ausgegangen werden, daß sie in jenen vorurteilsbesetzten und emotional geprägten Meinungsstereotypen

---

³⁵ Vgl. oben (FN 27).
³⁶ Vgl. *Dahs*, AnwBl. 1959, 180: „In Deutschland ist ein Angeklagter in den Augen der Öffentlichkeit häufig ein gerichteter oder schon zugerichteter Mann, ehe die Hauptverhandlung überhaupt angefangen" hat.
³⁷ *Bledijan*, S. 228 ff., m. w. Nachw.; vgl. auch *Bessler / Bledijan*, S. 46.
³⁸ Vgl. (FN 37). Vielmehr ist es so, „daß es zur Verfestigung von Vorurteilen kommt, wenn die Aussagen der Massenkommunikationsmittel fortwährend einmal übernommene Attitüden bestätigen" (*Bessler / Bledijan*, FN 37).

gegenüber Angeklagtem und Straftäter befangen ist, in denen auch die soeben beschriebene Assoziationswirkung des Pressefotos ihren Grund hat. Die Bildberichterstattung trifft folglich in aller Regel auf einen Rezipienten, der sich vom Angeklagten bereits ein festes Meinungsbild dahingehend geschaffen hat, daß selbst ein Text sachlich-kritischen Inhalts nichts von ihrer Prangerwirkung zu nehmen vermag.

IV. Fazit

Entsprechend den vier Hauptaufgaben der Presse — Nachrichten zu verbreiten, zu belehren, für bestimmte Meinungen zu werben und zu unterhalten — typisiert man auch das Pressefoto, je nachdem, welche Funktion es erfüllt[39]. Abschließend soll daher untersucht werden, in welche der genannten Kategorien das Pressefoto des Angeklagten einzuordnen ist.

Während das Nachrichtenbild den Betrachter über ein bestimmtes Ereignis oder eine Person „schlicht" informieren will, dient das belehrende Foto, wie schon der Name aussagt, der Wissensvermittlung. Im Gegensatz hierzu sprechen Meinungs- und Unterhaltungsbild die „Triebe und emotionalen Schichten"[40] des Betrachters an, wobei ersteres in der Regel auf eine propagandistische Wirkung ausgerichtet ist[41].

Bei der Zuordnung des Angeklagtenportraits zu einer dieser vier Kategorien wird man von vornherein die an zweiter und dritter Stelle genannten Bildtypen (belehrendes Foto und Meinungsbild) als Charakterisierungsmaßstab außer Betracht zu ziehen haben[42]. Bezüglich der verbleibenden zwei Bildtypen läßt sich unter Bezugnahme auf den geringen Informationswert des Angeklagtenportraits[43] feststellen, daß es sich hierbei nicht um ein Nachrichtenbild, sondern vielmehr um ein solches aus der Kategorie der Unterhaltungsbilder handelt. Zu welcher Art von Unterhaltung das Pressefoto des Angeklagten beiträgt, kann leicht ermessen werden, wenn man sich die im vorigen Kapitel beschriebenen Motive vor Augen führt, von denen sich der größte Teil der Zuschauer, die die Gerichtsöffentlichkeit ausmachen, leiten läßt — nämlich von Neugier und Sensationslust[44]. Was den im Gerichtssaal an-

---

[39] Diese Einteilung geht zurück auf *Stiewe*, Pressephoto, S. 6 ff.; vgl. ferner *Watteyne*, S. 36; *Geiringer*, S. 24; *Kottwitz*, S. 19 ff. mit zahlreichen weiteren Nachweisen.

[40] *Watteyne*, S. 38 und 67.

[41] Vgl. (FN 39).

[42] Die Behauptung, mit dem Pressefoto des Angeklagten solle eine propagandistische Wirkung (welcher Art auch immer) erzielt werden, liefe auf eine kaum verifizierbare Unterstellung hinaus.

[43] Vgl. dazu oben II.

[44] Vgl. oben S. 84 ff.; zur Sensationsbezogenheit des Angeklagtenportraits vgl. auch *Strelow*, S. 50.

IV. Fazit

wesenden Zuschauern zur (jedenfalls teilweisen) Befriedigung dieser Gefühle gereicht — der Anblick des Angeklagten —, erfüllt das Pressefoto, indem es den Angeklagten der vorurteilsbesetzten physiognomischen Deutung der Betrachter anheimgibt. In diese Deutung fließen kraft der Prangerwirkung des Pressefotos[45] all jene Emotionen ein, die sich aus der Sicht der Psychoanalyse als Sündenbockdenken in dem oben[46] erörterten Sinne darstellen.

---

[45] Vgl. dazu oben III.
[46] § 2. V.

§ 4. Die Bildberichterstattung und das Persönlichkeitsrecht des Angeklagten am eigenen Bild

I. Vorbemerkung

Nicht selten sieht man in der Presse Bilder, aus denen das Unbehagen spricht, das der abgebildete Angeklagte gegenüber den im Gerichtssaal agierenden Fotoreportern empfindet. Man sieht von der Kamera abgewandte Blicke ebenso wie das Bemühen des Angeklagten, sein Gesicht durch Hochziehen seines Jacketts oder Vorhalten eines Aktenstücks gegen die Kamera abzuschirmen. Aufgabe der folgenden Untersuchung wird es daher sein, diese offensichtlich als Belästigung empfundenen Zudringlichkeiten der Fotoreporter unter dem Aspekt des Persönlichkeitsrechts des Angeklagten zu prüfen.

II. Die Anerkennung des allgemeinen Persönlichkeitsrechts durch das Grundgesetz

In Abkehr von dem früheren Rechtszustand haben nach 1945 zunächst die Verfassungen der Länder und ihnen folgend das Grundgesetz in Art. 1 Abs. 1 GG die Würde des Menschen in den Grundrechtskatalog aufgenommen[1]. Die Würde als ethisch vorgegebenes und deshalb nicht weiter zu definierendes Axiom[2] macht den Menschen zum „Träger höchster geistig-sittlicher Werte"[3] und damit zur Persönlichkeit[4]. Das apriorische, unverlierbare und unverzichtbare Vorhandensein dieses Eigenwertes[5] verleiht dem Menschen bereits innerhalb elementarer Individualbeziehungen einen sittlichen Anspruch auf Achtung seiner Würde[6]. Dieser sittliche Anspruch ist mit der Aufnahme der Menschenwürde in das Bundes- und in das Verfassungsrecht der Länder sowie durch die Verpflichtung aller staatlichen Gewalt, die Würde des Menschen zu achten und zu schützen (Art. 1 Abs. 1 S. 2 GG) als *Rechtswert* anerkannt worden[7]. Diese Deutung der Menschenwürde als Rechtswert und nicht

---

[1] Zur Geschichte vgl. *Hubmann*, Persönlichkeitsrecht, S. 92 ff.
[2] *Nipperdey*, Grundrechte II, 2, S. 1.
[3] BayVGH, VGHE n. F. Bd. 2 Teil II, S. 91.
[4] Vgl. *Dürig*, JR 1952, 261: „Würde haben heißt Persönlichkeit sein."
[5] *Maunz / Dürig / Herzog*, Art. 1 Abs. 1, Rdnr. 2.
[6] *Maunz / Dürig / Herzog* (FN 5).
[7] *Maunz / Dürig / Herzog* (FN 5).

II. Persönlichkeitsrecht und Grundgesetz

etwa nur als eine „ethische Deklamation"[8] ergibt sich auch — wie *Dürig*[9] nachgewiesen hat — aus Art. 79 Abs. 3 GG; denn als ethischer Wert hätte die Menschenwürde nicht der Sperre vor „der rechtlichen Disposition durch die verfassungsändernde Mehrheit"[10] bedurft, da ethische Werte sich ohnehin rechtlicher Disposition entziehen.

Mit der Sperrwirkung des Art. 79 Abs. 3 GG zieht das Grundgesetz angesichts der aus dem Bereich des Ethisch-Sittlichen vom Recht rezipierten Wertkategorie der Menschenwürde zugleich auch juristisch die Konsequenz, indem es die Unverlierbarkeit und Unverzichtbarkeit ihres immer vorhandenen Eigenwertes verbindlich festlegt. Art. 1 Abs. 1 GG erweist sich damit in seiner Aussage über die Persönlichkeit als die statische Komponente des Persönlichkeitsrechts[11]. Ihr gegenüber enthält Art. 2 Abs. 1 GG durch die Garantie der freien Entfaltung der Persönlichkeit dessen dynamische Seite[12]. Geschützt ist hier die Individualität des Menschen, wie sie in seiner Eigenart, seiner Originalität und seinem Handeln zum Ausdruck kommt[13]. Beide Vorschriften *zusammen* ergeben dabei erst das umfassende Bild der Persönlichkeit, deren Schutz dem allgemeinen Persönlichkeitsrecht obliegt[14].

Vor diesem verfassungsrechtlichen Hintergrund ist die Entscheidung des Bundesgerichtshofs von 1953[15] zu sehen, in der das allgemeine Persönlichkeitsrecht als „sonstiges Recht" im Sinne des § 823 Abs. 1 BGB zum ersten Mal ausdrücklich anerkannt worden ist. Mit dieser Entscheidung wurde auf dem Gebiet des Persönlichkeitsrechts eine Entwicklung eingeleitet, die sich bis zur Gegenwart in einer fast unübersehbaren Fülle höchstrichterlicher Urteile niedergeschlagen hat[16]. Sie gipfelt in dem Beschluß des Bundesverfassungsgerichtes vom 14. 2. 1973[17], das den von den Zivilgerichten eingeschlagenen Weg gebilligt hat.

Damit hatte — zumindest aus verfassungsrechtlicher Sicht — eine Kontroverse ihr Ende gefunden, die sich weniger gegen die auf der

---

[8] *Dürig*, JR 1952, 260.
[9] *Dürig*, S. 260.
[10] *Dürig*, S. 260.
[11] *Dürig*, S. 261; *Maunz / Dürig / Herzog*, Art. 1 Abs. 1, Rdnr. 38, FN 1.
[12] *Maunz / Dürig / Herzog*, a.a.O.; *Hubmann*, Persönlichkeitsrecht, S. 98.
[13] *Hubmann*, S. 98.
[14] *Nipperdey*, Grundrechte II, 2, S. 40; ders., Grundrechte IV, 2, S. 832; ders., DJT-Referat, D 8; *Maunz / Dürig / Herzog*, Art. 1 Abs. 1, Rdnr. 38, FN 1; *Hubmann*, Persönlichkeitsrecht, S. 129; *Eb. Schmidt*, Publizistik, S. 18, FN 27.
[15] BGHZ 13, 334 ff. = NJW 1954, 1004 ff. = JZ 1954, 698 ff.; m. Anm. v. *Coing*.
[16] Vgl. die ausführliche Zusammenstellung bei *v. Gamm*, Massenmedien, Anhang; sowie *Küchenhoff*, S. 45 f., FN 4.
[17] BVerfGE 34, 269 ff. („Soraya"-Beschluß); positiv dazu *Küchenhoff*, S. 48 f.; kritisch *Ridder*, AfP 1973, 453 ff.

§ 4. Bildberichterstattung und Persönlichkeitsrecht

Grundlage des allgemeinen Persönlichkeitsrechts erzielten Ergebnisse als gegen den methodischen Weg richtete, auf dem sie gewonnen wurden. So hatte vor allem *Larenz* bereits gegenüber den ersten Entscheidungen des Bundesgerichtshofs zum allgemeinen Persönlichkeitsrecht methodologische Bedenken erhoben. Das allgemeine Persönlichkeitsrecht sprenge wegen seiner generalklauselartigen Weite das System der Unrechtstatbestände der §§ 823 ff. BGB, deren Funktion es sei, „bestimmte typische Erscheinungsformen" zu beschreiben[18]. Der von Verfassungs wegen garantierte Schutz der freien Entfaltung der Persönlichkeit müsse im Zivilrecht durch einzelne, nach den anerkannten Methoden richterlicher Rechtsschöpfung herauszuarbeitende besondere Persönlichkeitsrechte erfolgen, um dadurch den Bedeutungsgehalt der jeweiligen Zivilrechtsnorm an eine veränderte Normsituation anzupassen[19]. In diesen besonderen Persönlichkeitsrechten konkretisiere sich das allgemeine Persönlichkeitsrecht, das ihnen als „Quellrecht"[20] zugrunde liege. Die metaphorische Bezeichnung des allgemeinen Persönlichkeitsrechts als „Quellrecht", *Hamann* spricht sogar von „Mutterrecht"[21], läßt allerdings nicht erkennen, welche dogmatische Funktion ihm bei der Bildung besonderer Persönlichkeitsrechte zukommen soll.

Seiner verfassungsrechtlichen Bedeutung gemäß erfaßt das allgemeine Persönlichkeitsrecht die Summe aller die Persönlichkeit ausmachenden Werte, deren Zahl wegen der Individualität und Vielschichtigkeit der Persönlichkeit offen ist[22]. Es wäre jedoch ein im Formalen haftender Schluß, hieraus zu folgern, die Funktion des allgemeinen Persönlichkeitsrechts erschöpfe sich in einem — wie *Esser*[23] sagt — „Oberbegriff mit bloßer Ordnungsfunktion" oder sei — so *Fikentscher*[24] — nur ein „Rahmenrecht". Die im allgemeinen Persönlichkeitsrecht verankerten einzelnen Rechtspositionen (= *besondere* Persönlichkeitsrechte) stehen zu diesem nicht im Verhältnis bloßer differentiae specificae, aus denen es seine Definition erfährt. Vielmehr bedingen allgemeines Persönlichkeitsrecht und besondere Persönlichkeitsrechte einander wechselseitig; sie stehen in einem dialektischen Verhältnis zueinander. Die zahlenmäßig nicht bestimmbaren und zum Teil auch noch nicht bekannten besonderen Persönlichkeitsrechte[25] befinden sich im allgemeinen Per-

---

[18] *Larenz*, NJW 1955, 524; ders., DJT-Referat, D 35; ders., Schuldrecht II, S. 473; dazu *Hubmann*, JZ 1957, 522.
[19] So im Ergebnis auch *Koebel*, NJW 1955, 1338.
[20] *Larenz*, NJW 1955, 525.
[21] BGHZ 24, 72 (78).
[22] *Hubmann*, JZ 1957, 524; *Neumann-Duesberg*, NJW 1957, 1342.
[23] Schuldrecht II, S. 401.
[24] Schuldrecht, § 103 II.
[25] Vgl. *Neumann-Duesberg*, NJW 1957, 1342; *H. Kaufmann*, JuS 1963, 374.

sönlichkeitsrecht im Stadium ihrer Möglichkeit, während das allgemeine Persönlichkeitsrecht in ihnen — z. B. im Falle ihrer Verletzung — aktuellen Bezug gewinnt.

Aus der Erkenntnis der dem allgemeinen Persönlichkeitsrecht innewohnenden Dialektik läßt sich auch der vermeintliche Zwiespalt zwischen verfassungsrechtlicher Schutzposition einerseits und der aus methodologischen Gründen in Frage gestellten Rechtssatzqualität andererseits auflösen: Das besondere Persönlichkeitsrecht erhält im allgemeinen Persönlichkeitsrecht seine verfassungsrechtliche Legitimation, während umgekehrt das allgemeine Persönlichkeitsrecht im besonderen Persönlichkeitsrecht seine Justitiabilität erfährt[26]. Hieraus folgt als praktisches Ergebnis, daß das allgemeine Persönlichkeitsrecht nur innerhalb der Grenzen besonderer Persönlichkeitsrechte existiert[27] und insoweit der Konkretisierung bedarf[28]. Auf die vorliegende Fragestellung bezogen bedeutet das, daß der Schutz vor ungewollten Lichtbildaufnahmen nur dann auf das allgemeine Persönlichkeitsrecht gestützt werden kann, wenn es ein besonderes Persönlichkeitsrecht dieses Inhalts gibt.

III. Das Recht am eigenen Bild als besonderes Persönlichkeitsrecht

Der mit der Anerkennung eines allgemeinen Persönlichkeitsrechts von der Rechtsprechung eingeschlagene Weg führte alsbald auch zu Konsequenzen für den Bildnisschutz. In seiner Entscheidung im „Paul Dahlke"-Fall führt der Bundesgerichtshof[29] aus, daß es ein Persönlichkeitsrecht des Abgebildeten sei, über sein Bild zu disponieren[30]. Diese Erkenntnis wurde insofern begünstigt, als in Gestalt des § 22 KUG bereits eine positivrechtliche Bestimmung existierte, die, allerdings beschränkt auf die Bildnisverbreitung, den einzelnen vor ungewollten Dispositionen Dritter über sein Bildnis schützte[31]. § 22 KUG war jedoch vom Stand einer Fototechnik aus konzipiert, deren umständlich zu hand-

---

[26] Dieses dialektische Verhältnis wird im Ergebnis von *Neumann-Duesberg*, NJW 1957, 1344 bestätigt, der sagt, das allgemeine Persönlichkeitsrecht werde in Gestalt des jeweiligen besonderen Persönlichkeitsrechts geschützt.
[27] Vgl. auch *H. Kaufmann*, JuS 1963, 375.
[28] *Neumann-Duesberg*, JZ 1970, 565; ders., JurJAB 1966/67, 138; ders., NJW 1957, 1343; *Reinhardt*, JZ 1959, 45.
[29] BGHZ 20, 345 ff.
[30] BGH (FN 29), 347.
[31] Die §§ 22 ff. KUG wurden erlassen, um Fällen journalistischer Indiskretion zu begegnen, wie sie sich anläßlich des Todes von *Bismarcks* ereignet haben, in dessen Sterbezimmer zwei Reporter eingedrungen waren, um ein Bild des Verstorbenen aufzunehmen. Vgl. dazu RGZ 45, 170 ff.; ferner *Hubmann*, Persönlichkeitsrecht, S. 296 FN 1.

habende Apparaturen in der Regel kaum Aufnahmen ohne oder gar gegen den Willen des Abgebildeten zuließen[32]. Angesichts der Möglichkeiten moderner Aufnahmetechnik erwies sich der Schutz aus § 22 KUG im Lichte des allgemeinen Persönlichkeitsrechts als unvollständig. Damit relativierte sich auch die ursprüngliche Bedeutung jener Vorschrift als isoliertes und abschließendes Schutzgesetz[33] auf dem Gebiet des Bildnisrechts. § 22 KUG bildete nurmehr einen Teilaspekt des umfassenderen, die bloße Aufnahme einbeziehenden Persönlichkeitsrechts am Bild[34].

Bahnbrechend für das gewandelte Verständnis zum Bildnisschutz war der sogenannte Spätheimkehrerfall[35], in welchem der Bundesgerichtshof seine im „Paul Dahlke"-Urteil[36] eingeleitete Rechtsprechung zum Recht am eigenen Bild konsequent fortentwickelte, indem er auch die Bildnisaufnahme unter persönlichkeitsrechtlichen Schutz stellte[37]. Der Auffassung des Bundesgerichtshofs ist insoweit zuzustimmen.

Entsprechend der in Art. 1 Abs. 2 und 2 Abs. 1 GG jedermann garantierten Freiheit, über seine den individuellen Bereich berührenden Beziehungen zur Umwelt selbst zu bestimmen, unterliegt es dem autonomen Willen des einzelnen, wie er sich dieser gegenüber zu geben gedenkt. Allein die mit der Aufnahme geschaffene *Möglichkeit*, im Bild einer Umwelt vorgestellt zu werden, die der Abgebildete weder dem Personenkreis noch den Begleitumständen nach kennt, ist geeignet, ihn in seiner Selbstbestimmung über die Art und Weise, in der er sich entäußern will, zu beeinträchtigen[38]. Die Freiheit bei der Wahl der Beziehungen des einzelnen zur Umwelt muß daher die volle, die Aufnahme einbeziehende Dispositionsbefugnis über sein Bild einschließen[39]; denn der Gedanke, daß das Bild eines Menschen — als „Spiegel"[40] seiner Persönlichkeit — „der Disposition Dritter genauso zugänglich (sei) wie der eigenen", ließe sich mit dem Grundsatz der „Selbstentfaltung der Persönlichkeit" nicht in Einklang bringen[41].

---

[32] Außerdem hatten die §§ 22 ff. KUG ursprünglich rein urheberrechtlichen Charakter, so daß es naturgemäß nur um die *Veröffentlichung* gehen konnte.

[33] Zu den einzelnen Schutzvorschriften vgl. *Hubmann*, Persönlichkeitsrecht, S. 271 ff.

[34] Vgl. BGH NJW 1959, 1269 (1270) — „Catarina Valente" —.

[35] BGHZ 24, 200 (208).

[36] BGHZ 20, 345 ff.

[37] Ebenso später BGH NJW 1966, 2353 (2354) — „Vor unserer eigenen Tür" —.

[38] Vgl. *Reinhardt*, JZ 1959, 43. Bedenklich dagegen die Argumentation von *Lang*, S. 33 f., 38, der die Aufnahme als „wertneutral" und deshalb als nicht persönlichkeitsrechtsverletzend betrachtet.

[39] *v. Gamm*, Einführung, S. 133, Rdnr. 103.

[40] *Reinhardt*, JZ 1959, 43.

[41] *Reinhardt*, S. 42 f.; vgl. neuestens auch *Trachsler*, S. 111 ff.

Wie jedes subjektive Recht findet auch das allgemeine Persönlichkeitsrecht — und mithin das Recht am Bild — seine Grenze an den Erfordernissen des menschlichen Zusammenlebens[42]. Das folgt aus der sozialen Gebundenheit des Rechts[43], welches den Interessen des einzelnen gleichermaßen verpflichtet ist wie denen der Allgemeinheit. Rechtspositionen, wie sie das allgemeine Persönlichkeitsrecht in seinen jeweiligen Konkretisierungen dem einzelnen verleiht, eröffnen daher nicht die Möglichkeit zu schrankenloser Entfaltung[44]. Die Bezogenheit des einzelnen auf die Gemeinschaft, in der er ständig mit anderen in Kommunikation tritt, macht vielmehr gewisse Einschränkungen seines Lebensbereichs notwendig. Die Frage, ob die fotografische Aufnahme des Angeklagten im Gerichtssaal eine Verletzung seines Persönlichkeitsrechts am Bild darstellt, enthält daher zugleich auch die nach den Grenzen dieses Rechts. Es gilt deshalb im folgenden zu untersuchen, nach welchen Kriterien diese Abgrenzung vorzunehmen ist.

IV. Die Bildaufnahme des Angeklagten als Verletzung seines Rechts am eigenen Bild

1. Die §§ 22, 23 KUG als Anknüpfungspunkte

a) Die Anwendbarkeit der §§ 22, 23 KUG im Rahmen der Bild a u f n a h m e

Ein Katalog von Kriterien, die das Persönlichkeitsrecht am Bild gegen die Belange der Allgemeinheit abgrenzen, findet sich in den §§ 22, 23 KUG. Es liegt deshalb nahe, diese Vorschriften heranzuziehen und mit ihrer Hilfe die Grenze zwischen berechtigten und unberechtigten, d. i. persönlichkeitsrechtsverletzenden Bildaufnahmen zu ermitteln. Andererseits werfen die §§ 22, 23 KUG wegen ihrer Beschränkung auf das ungewollte *Verbreiten* und *Zurschaustellen* von Bildnissen die Frage auf, ob sie überhaupt im Rahmen der Bild*aufnahme* anwendbar sind oder aber nur jene ausdrücklich aufgeführten Teilaspekte des Rechts am Bild betreffen. Die zuletzt genannte Deutung hätte zwar den Wortlaut des Gesetzes für sich, sie führte aber, da er hinter dem grundgesetzlich gebotenen Bildnisschutz zurückbleibt, zu einer Divergenz mit übergeordnetem Verfassungsrecht.

Der persönlichkeitsrechtliche Charakter der als urheberrechtliche Bestimmungen konzipierten und damit notwendigerweise auf das Ver-

---

[42] *Hubmann*, Persönlichkeitsrecht, S. 147; *Siebert*, NJW 1958, 1374.
[43] *Hubmann* (FN 42); *Bussmann*, DJT-Gutachten, S. 62.
[44] *Siebert*, NJW 1958, 1373; *Wien*, S. 72; BGHZ 24, 72 (73) — „Gesundheitszeugnis" —; BGHZ 33, 20 (32) — „Figaros Hochzeit" —.

öffentlichen von Bildnissen zugeschnittenen §§ 22, 23 KUG[45] zwingt, sie im Kontext des umfassenden Persönlichkeitsrechts am Bild zu sehen und aus ihm verfassungskonform zu ergänzen[46]. Die §§ 22, 23 KUG sind daher aus Art. 1 Abs. 1, 2 Abs. 1 GG mit der Folge zu erweitern, daß sich die Frage des Umfangs und der Grenzen zulässiger Bildaufnahmen nach denselben Kriterien bemißt wie im Falle des Verbreitens bzw. Zurschaustellens von Bildnissen[47]. Rechtstheoretisch handelt es sich dabei um einen Analogieschluß; denn die in den §§ 22, 23 KUG angesprochenen Formen der Veröffentlichung eines Bildnisses stellen, wie seine Aufnahme, nur Teilaspekte des Persönlichkeitsrechts am Bild als dem gemeinsamen tertium comparationis dar[48]. Damit steht einer entsprechenden Anwendung der §§ 22, 23 KUG[49] im Rahmen der Bildaufnahme nichts entgegen. Es fragt sich nunmehr, welche Grenzen diese Vorschriften dem Recht am Bild ziehen.

b) Die Grenzen der Abbildungsfreiheit nach den §§ 22, 23 KUG

Inhalt und Umfang des Persönlichkeitsrechts am Bild sind das Produkt der Abwägung zweier einander entgegengesetzter Interessen; auf der einen Seite steht das individuelle Interesse des einzelnen, über sein Bild nach Belieben disponieren zu können, auf der anderen verlangt das Informationsinteresse der Allgemeinheit, über eine bestimmte Person im Bild unterrichtet zu werden. Gemäß dem allgemeinen, bei der Abgrenzung von Persönlichkeitsrechten stets zu berücksichtigenden Grundsatz, wonach derjenige, der „durch sein Sein oder Verhalten" die persönliche Sphäre seiner Mitmenschen berührt, „sich Einschränkungen seines ausschließlichen Bestimmungsrechts über seinen Privatbereich" gefallen lassen muß[50], nennt § 23 Abs. 1 vier Voraussetzungen, unter denen das Informationsinteresse so stark sein *kann*, daß ihm das Anonymitätsinteresse des Betroffenen weichen muß. Allen Kriterien gemeinsam ist, daß der Betroffene seine Privatsphäre, in der sich das Anonymitätsinteresse ja erst zu einem (persönlichkeits-)*rechtlichen* Interesse verdichtet[51], verläßt und in Beziehung zu seiner Umwelt tritt.

---

[45] *Ulmer*, Urheberrecht, S. 324. Zum geschichtlichen Hintergrund der Vorschriften vgl. oben III.

[46] Dies gilt im übrigen für alle vorkonstitutionellen besonderen Persönlichkeitsrechte (Namensrecht etc.).

[47] *Eb. Schmidt*, Publizistik, S. 21; *Hubmann*, JZ 1957, 525; *v. Mangoldt / Klein*, S. 163; *Rötelmann*, NJW 1962, 1004.

[48] Vgl. im allgemeinen dazu *Arth. Kaufmann*, Analogie und „Natur der Sache", S. 27 ff.

[49] *Nipperdey*, Grundrechte IV, 2, S. 893; *ders.*, Ufita 30 (1960), 11.

[50] BVerfGE 35, 202 (220).

[51] Zur Zugehörigkeit des Bildnisses in den Privatbereich vgl. *Hubmann*, JZ 1957, 525.

IV. Die Bildaufnahme als Verletzung des Rechts am Bild

Es wäre jedoch ein Trugschluß anzunehmen, mit dem Heraustreten aus der Privatsphäre[52] verlöre der einzelne sein Recht auf Anonymität. Das käme einer Aberkennung an Individualität gleich, die durch nichts gerechtfertigt wäre[53]; denn jedermann bleibt auch in der Masse Individuum und damit *privat* im strengen Sinn des Wortes[54].

Daraus folgt, daß die Rechte, die der einzelne zum Schutz seiner Privatsphäre genießt, auch dann berücksichtigt werden müssen, wenn er sich in die Sozialsphäre — also in den Lebensbereich begibt, in dem er in Beziehung zur Umwelt tritt[55]. Daher tragen die in § 23 Abs. 1 aufgeführten Kriterien zwar den Charakter notwendiger, aber nicht hinreichender Bedingungen, unter denen eine Durchbrechung des Persönlichkeitsrechts am Bild zulässig ist. Ihr Vorliegen führt gem. § 23 Abs. 2 KUG nämlich dann nicht zur Zulässigkeit ungewollter Abbildung, wenn ihnen berechtigte — also die Privatsphäre berührende — Interessen des Betroffenen entgegenstehen. Damit wird der systematische Aufbau der §§ 22, 23 KUG deutlich; er ist dreistufig angelegt. Der Regel des § 22 KUG — grundsätzlicher Bildnisschutz — stellt § 23 Abs. 1 KUG eine Anzahl von Ausnahmen gegenüber, deren Vorliegen eine Verletzung des Rechts am Bild ausschließt, es sei denn, der Betroffene hat ein berechtigtes Interesse, anonym zu bleiben. Für diesen Fall sieht § 23 Abs. 2 KUG die Rückkehr zur Regel des § 22 KUG vor[56].

Die Orientierung an den §§ 22, 23 KUG wirft zwei Fragen auf, die den Verlauf der weiteren Untersuchung wie folgt bestimmen: Entsprechend der Systematik des Gesetzes ist *erstens* zu prüfen, ob der Ausnahmetatbestand des § 23 Abs. 1 KUG vorliegt[57]. Aus dem dort aufgeführten Katalog möglicher, das Informationsinteresse der Allgemeinheit berücksichtigender Kriterien, kommt hier allein Ziffer 1 — Bildnisse aus dem Bereich der Zeitgeschichte — in Betracht. Wird diese Voraussetzung bejaht, so schließt sich *zweitens* die Frage an, ob der fotografischen Aufnahme im Gerichtssaal ein berechtigtes Interesse des Angeklagten nach § 23 Abs. 2 KUG entgegensteht[58].

---

[52] *Hubmann* (FN 51); vgl. auch *ders.*, Persönlichkeitsrecht, S. 268 ff. *Hubmann* nennt neben der Privat- und Geheimsphäre die Individualsphäre. Damit meint er den Bereich, in dem der einzelne seine Beziehungen zur Umwelt gestaltet. m. E. sollte der mißverständliche Begriff „Individualsphäre" durch „Sozialsphäre" ersetzt werden.
[53] Vgl. *Werhahn*, S. 317 ff.
[54] Vgl. das lateinische Etymon privare = bewahren.
[55] *Siegert*, NJW 1963, 1957.
[56] Vgl. *Arzt*, S. 28.
[57] Siehe unten 2.
[58] Siehe unten 3.

2. Der Angeklagte als Person der Zeitgeschichte: § 23 Abs. 1 Ziffer 1 KUG

a) Zum Begriff P e r s o n der Zeitgeschichte

Ob die bildliche Darstellung einer Person nach § 23 Abs. 1 Ziffer 1 KUG zulässig ist, wird im allgemeinen unter dem Aspekt der Zugehörigkeit des Abgebildeten zum Kreis der Personen der Zeitgeschichte geprüft. *Person* der Zeitgeschichte ist dem Begriffe nach eine Schöpfung von Rechtsprechung und Rechtslehre; der Terminus fungiert gleichsam als Kürzel für die umständlichere Fassung des Gesetzes — in § 23 Abs. 1 Ziffer 1 heißt es: „Bildnisse aus dem Bereich der Zeitgeschichte —." Diese Formel stößt bei mehreren Autoren auf Bedenken und Ablehnung.

Eb. Schmidt[59] hält den Begriff Person der Zeitgeschichte für eine unzulässige Erweiterung des § 23 Abs. 1 Ziffer 1 KUG, die vor allem gerade die Fotoreporter im Gerichtssaal zu rücksichtslosem Auftreten ermuntere[60]. *Schmidt* stützt seine Ansicht auf Äußerungen von *Nipperdey*[61] und *Bussmann*[62], die der Auffassung sind, das Bild aus dem Bereich der Zeitgeschichte müsse einen ebensolchen *Vorgang*[63] darstellen bzw. ein zeitgeschichtliches *Ereignis*[64] wiedergeben, in das der Abgebildete „hineinverwickelt"[65] sei. *Schmidt* zieht daraus den Schluß, daß eine Personenabbildung, wie sie beispielsweise das im Gerichtssaal aufgenommene Portraitfoto des Angeklagten darstellt, für sich genommen niemals zum Bereich der Zeitgeschichte gehöre — das Bild des Angeklagten mithin auch niemals unter § 23 Abs. 1 Ziffer 1 KUG falle[66].

Die Auffassung der genannten Autoren erweist sich bei näherem Zusehen als Versuch, den Schwierigkeiten einer Auslegung des § 23 Abs. 1 Ziffer 1 KUG zu begegnen, die sich im Verlauf der Geschichte dieser Vorschrift nicht unerheblich von der ursprünglichen Intention des Gesetzgebers entfernt hat. Begonnen hatte diese Entwicklung in den zwanziger Jahren, als das Reichsgericht im sog. Tull-Harder-Fall[67] § 23 Abs. 1 Ziffer 1 KUG erstmals auf eine Person anwandte, welche nur vorübergehend und ungewollt oder gar gegen ihren Willen die Aufmerksamkeit der Allgemeinheit auf sich gelenkt hatte. Das Reichsgericht gab damit die bis dahin herrschende Ansicht auf, wonach nur

---

[59] Publizistik, S. 23 ff.; *ders.*, Publicity, S. 347 f.
[60] *Eb. Schmidt*, Publizistik, S. 24, FN 45.
[61] Grundrechte IV, 2, S. 839, FN 426.
[62] DJT-Gutachten, S. 41; *ders.*, JR 1955, 203.
[63] So *Nipperdey*, Grundrechte IV, 2, S. 839.
[64] So *Bussmann*, DJT-Gutachten, S. 41.
[65] *Bussmann*, JR 1955, 203.
[66] *Eb. Schmidt*, Publizistik, S. 24, FN 45.
[67] RGZ 125, 82 ff.

IV. Die Bildaufnahme als Verletzung des Rechts am Bild

Persönlichkeiten, die *bewußt* in die Zeitgeschichte eingetreten waren, vom Schutz des § 22 KUG ausgenommen blieben[68]. Das Gericht ließ sich bei seiner Entscheidung von der Erkenntnis leiten, daß — gemäß der ratio des § 23 Abs. 1 Ziffer 1 KUG, dem Informationsinteresse der Allgemeinheit zu entsprechen — die Grenzen des Bereichs der Zeitgeschichte „in einer Epoche ungeheurer Publizität viel weiter zu ziehen" seien als zur Zeit des Inkrafttretens der Vorschrift[69]. Personen der Zeitgeschichte waren mithin nicht mehr nur diejenigen, die bewußt in sie eintraten, die Geschichte *machten*[70], sondern auch solche Persönlichkeiten, die lediglich als „Gegenstand"[71] an zeitgeschichtlichen Ereignissen (passiv) teilnahmen[72]. Diese Ausdehnung des Begriffes Person der Zeitgeschichte bereitete Rechtsprechung und Schrifttum über lange Zeit hin eine gewisse Unsicherheit im Umgang mit § 23 Abs. 1 Ziffer 1 KUG[73], die *Nipperdey* und *Bussmann* dadurch zu beheben suchten, daß sie anstelle der „Person" die Merkmale „Vorgang"[74] bzw. „Ereignis"[75] zum konstitutiven Kriterium des Begriffes Zeitgeschichte erhoben. Damit sollte sichergestellt werden, daß die sog. unbewußten Personen der Zeitgeschichte nicht in demselben Umfang der Publizität unterliegen wie diejenigen, die „bewußt" der Zeitgeschichte angehören.

Wenn jedoch *Eb. Schmidt* sich in seiner aus dem Jahre 1968 stammenden Schrift[76] noch zur Ansicht jener Autoren bekennt, so vertritt er eine Auffassung, die seit den grundlegenden Ausführungen von *Neumann-Duesberg* in Wissenschaft und Rechtsprechung überholt ist. Mit seiner Einteilung in „absolute" und „relative" Personen der Zeitgeschichte trennt *Neumann-Duesberg*[77] zwischen Persönlichkeiten, die durch Geburt, Wahl etc. in die Geschichte eingetreten sind von solchen, die lediglich ein „bestimmtes Geschehen" bekannt gemacht hat[78]. Entsprechend abgestuft ist auch der Umfang ihres Bildnisschutzes. Wäh-

---

[68] Vgl. *Allfeld*, Kommentar, S. 136; ders., DJZ 1926, 1468 f.; AG München, JW 1928, 376 — „Therese von Konnersreuth" — m. zust. Anm. von *Goldbaum*; *Stenglein's* Kommentar, S. 177.
Kritisch jedoch KG JW 1925, 378, m. Anm. von *Adler*; LG I Berlin, JW 1928, 452, m. Anm. von *Adler*.
[69] *Goldbaum*, JW 1928, 376.
[70] So noch ausdrücklich *Allfeld*, Kommentar, S. 136.
[71] *Möhring*, JW 1929, 3079.
[72] Zur (polemischen) Kritik vgl. *Holldack*, JW 1932, 1336.
[73] So wurde beispielsweise die — heute mit Recht abgelehnte — Meinung vertreten, solche Personen müßten bereits „bekannt und genannt" sein; vgl. *Voigtländer / Elster / Kleine*, Urheberrecht, S. 32.
[74] Siehe FN 63.
[75] Siehe FN 64.
[76] Siehe FN 66.
[77] JZ 1960, 114 ff.
[78] *Neumann-Duesberg* (FN 77), S. 115.

rend absolute Personen der Zeitgeschichte die Aufnahme bzw. Verbreitung ihres Bildes generell und in einem Umfang dulden müssen, der lediglich die Privat- und Geheimsphäre[79] ausnimmt, dürfen Bilder von relativen Personen der Zeitgeschichte nur in Verbindung mit dem zeitgeschichtlichen Ereignis, das sie bekannt gemacht hat, angefertigt und dem Publikum vorgestellt werden. Wenngleich auch diese Unterscheidung für den weiteren Verlauf der Untersuchung ohne größere Bedeutung ist — geht es doch dabei um Bildaufnahmen aus der Hauptverhandlung, also dem Ereignis, mit dem sie in unmittelbarem Zusammenhang stehen — so zeigen die Darlegungen doch, daß der Terminus *Person* der Zeitgeschichte geeignet ist, der weiteren Prüfung zugrunde gelegt zu werden.

b) Die Problematik im Spiegel von Rechtsprechung und Literatur

Die Qualifizierung von Personen, die im Zusammenhang mit Straftaten bekannt geworden sind, als solche im Sinne des § 23 Abs. 1 Ziffer 1 KUG, ist, gemessen an der nunmehr siebzigjährigen Geltungsdauer der Vorschrift, relativ neu. Ausgehend von der Prämisse, daß nur solche Personen der Zeitgeschichte angehören, die bewußt in sie eintreten, die sie (positiv) gestalten[80], hat die ältere Literatur die Zugehörigkeit des Straftäters zum Kreis der Personen der Zeitgeschichte fast einhellig verneint[81]. Dies galt selbst in bezug auf Personen, die, wie der Massenmörder *Haarmann*, zu den eindrucksvollsten Figuren der Kriminalgeschichte zählen[82]. Zwar haben sich *Kohler*[83] und ihm folgend das OLG Dresden[84] schon früh dafür ausgesprochen, auch Personen, die sich wegen schwerer Verbrechen zu verantworten haben, zeitgeschichtliche Bedeutung beizumessen, jedoch ist eine endgültige Abkehr von der ursprünglichen Auffassung erst seit dem Jahre 1953 festzustellen.

Eingeleitet wurde diese Entwicklung durch zwei Urteile des Kammergerichts Berlin vom 10. 4. 1953[85]. Das Gericht wies in der Berufung die Anträge eines wegen Betrugs zu einer Gefängnisstrafe verurteilten Strafrichters zurück, mit denen dieser die Herausgabe von Bildern be-

---

[79] Zu diesen Begriffen vgl. *Hubmann*, Persönlichkeitsrecht, S. 268 ff.

[80] Vgl. oben 2. a).

[81] *Allfeld*, Kommentar, S. 136; *Adler*, JW 1924, 1780; ders., JW 1925, 378; ders., DJZ 1926, 1467 ff.; *Heidelberg*, S. 128; *Schiffer*, JW 1924, 1780; *Stenglein's* Kommentar, S. 177; *Osterrieth*, Bemerkungen I, S. 98 f., II, S. 146 ff.; KG JW 1924, 1780.

[82] So ausdrücklich *Fuld*, Urheberrecht, S. 108.

[83] Kunstwerkrecht, S. 160.

[84] Teilweise wiedergegeben in DRiZ 1928, 44 f.

[85] Abgedruckt bei *Schulze*, KGZ Nr. 14 und 15.

IV. Die Bildaufnahme als Verletzung des Rechts am Bild

gehrte, die der Reporter einer illustrierten Zeitschrift teils selbst aufgenommen[86], teils sich auf andere Weise beschafft hatte.

Das OLG Frankfurt[87] setzte diese Rechtsprechung mit seiner unter dem Namen „Verbrecherbraut" bekannt gewordenen Entscheidung vom 9.1.1958 fort. Das Gericht hatte darüber zu befinden, ob das Bild, das die Antragstellerin zusammen mit ihrem wegen Bankraubs und Mordes zu lebenslangem Zuchthaus verurteilten Verlobten zeigte, von einer Presseagentur zum Zwecke der Veröffentlichung vertrieben werden dürfe. Das Urteil ist für die vorliegende Problematik in zweierlei Hinsicht bedeutsam. Zum einen bejaht der Senat in einem obiter dictum die zeitgeschichtliche Bedeutung des Verlobten, zum anderen entschied er zugunsten der Antragstellerin, daß diese keine Person der Zeitgeschichte sei[88].

Diese Rechtsprechung wurde in der Folgezeit durch mehrere obergerichtliche Entscheidungen gefestigt. Danach sind als Personen der Zeitgeschichte anzusehen: ein wegen Betrugs und anderer Delikte angeklagter Geschäftsmann, der in großem Umfang Fleisch von minderer Qualität importiert und in der Bundesrepublik als hochwertige Ware auf den Markt gebracht hat[89]; ein wegen Betrugs, Steuerhinterziehung, Urkundenfälschung und Amtsunterschlagung angeklagter Notar[90]; ferner ein Doppelmörder[91] sowie ein der Notzucht und anderer schwerer Straftaten verdächtiger Untersuchungsgefangener[92].

Die jüngste Entscheidung, die in diesem Zusammenhang zu nennen ist, stammt aus dem Jahre 1972. Sie betrifft den Antrag eines wegen Beihilfe zu mehrfachem Mord und anderer Delikte („Soldatenmord von Lebach") verurteilten Strafgefangenen, mit dem sich dieser gegen seine bildliche Darstellung in einem geplanten Fernsehdokumentarspiel wandte. Das OLG Koblenz[93], das zunächst die zeitgeschichtliche Bedeu-

---

[86] So das Hochzeitsbild des Richters.
[87] Bei *Schulze* OLGZ Nr. 55.
[88] (FN 87), S. 4.
[89] OLG München, bei *Schulze* OLGZ Nr. 54 = NJW 1963, 658 ff.
[90] OLG Nürnberg, bei *Schulze* OLGZ Nr. 59.
[91] OLG Hamburg, bei *Schulze* OLGZ Nr. 103. Im Vordergrund dieser Entscheidung stand die in diesem Zusammenhang nicht interessierende Frage, ob die zeitgeschichtliche Bedeutung eines wegen zweifachen Mordes Verurteilten auch nach Ablauf von mehr als zehn Jahren noch zu bejahen sei (das Gericht verneinte dies).
[92] OLG Frankfurt, JZ 1971, 331 ff. — „Aktenzeichen XY — ungelöst" —.
Der Vollständigkeit wegen sei angemerkt, daß das OLG Oldenburg (NJW 1963, 920 ff.) die zeitgeschichtliche Bedeutung eines wegen Meineids, falscher Anschuldigung etc. angeklagten früheren Zeugen im Prozeß gegen den ehemaligen Präsidenten des Bundesamtes für Verfassungsschutz *Otto John* abgelehnt hat (S. 922).
[93] NJW 1963, 251 ff. (Aufgehoben durch BVerfGE 35, 202 ff.)

tung der beiden Haupttäter feststellte, hielt auch den Mittäter für eine Person der Zeitgeschichte[94].

Die dargestellte Kasuistik gibt zwar einigen Aufschluß über die Tendenz der neueren Judikatur, sie ist aber dennoch zu spärlich, um daraus induktiv allgemein verbindliche Schlüsse auf die Voraussetzungen ziehen zu können, unter denen ein Angeklagter als Person der Zeitgeschichte angesehen werden soll. Aufschlußreicher ist es daher, sich einer Betrachtung der allgemeinen Kriterien zuzuwenden, welche die Gerichte ihren Entscheidungen zugrunde gelegt haben.

Allen aufgeführten Entscheidungen gemeinsam ist die Prämisse, nach der die zeitgeschichtliche Bedeutung eines Strafprozesses bzw. eines Angeklagten vom Informationsinteresse der Allgemeinheit abhänge. Zur Zeitgeschichte gehöre „alles" (und jeder), „worüber die Öffentlichkeit ein berechtigtes Interesse unterrichtet zu werden" habe[95]. Dies sei bei einem Strafverfahren in der Regel dann anzunehmen, wenn die Person des Angeklagten und die ihm zur Last gelegten Taten Aufsehen in der Bevölkerung erregten[96]. Die Grenze liege freilich dort, wo eine Abbildung des Angeklagten mit Rücksicht auf sein Persönlichkeitsrecht „nach Treu und Glauben" zu unterbleiben habe[97]. Das sei der Fall, wenn die Umstände auf eine Mißachtung oder Verletzung der „sittlichen Würde" des Angeklagten hindeuteten[98]. Das OLG Frankfurt[99] präzisiert diese Grenze, indem es ausdrücklich hervorhebt, Sensationslust und Neugier allein reichten nicht aus, um ein „echtes Informationsinteresse" zu begründen. Im Gegensatz hierzu soll jedoch nach Auffassung des OLG München[100] zur Annahme eines legitimen Informationsinteresses an der Abbildung des Angeklagten allein schon die Tatsache genügen, daß „der Verdacht der strafbaren Handlung zur Eröffnung eines Strafverfahrens geführt hat". Das OLG Nürnberg[101] schließlich hält sogar dafür, daß jeder, der durch sein Verhalten Aufsehen errege, die Zeitgeschichte mitgestalte.

Ähnlich kontrovers verhalten sich die Ausführungen der einzelnen Gerichte auch zu der Frage nach den Voraussetzungen, unter denen das

---

[94] S. 253.
[95] So ausdrücklich KG bei *Schulze*, KGZ Nr. 14, 4; OLG Oldenburg NJW 1963, 922.
[96] OLG Frankfurt, bei *Schulze* OLGZ Nr. 55, 4; OLG München, bei *Schulze* OLGZ Nr. 54, 4 = NJW 1963, 659; OLG Hamburg, bei *Schulze* OLGZ Nr. 103, 1; OLG Koblenz NJW 1973, 253.
[97] KG bei *Schulze* KGZ Nr. 14, 5.
[98] FN 97.
[99] Bei *Schulze* OLGZ Nr. 55, 4.
[100] FN 99.
[101] Bei *Schulze* OLGZ Nr. 59, 4.

IV. Die Bildaufnahme als Verletzung des Rechts am Bild

Aufsehen, das ein Strafprozeß erregt, so erheblich ist, daß das Interesse daran den Angeklagten zur Person der Zeitgeschichte macht. So gehen einige Gerichte davon aus, daß „Strafverfahren im allgemeinen" in den Bereich der Zeitgeschichte fallen, soweit sie nicht von ganz untergeordneter Bedeutung seien[102]. Demgegenüber wird in anderen Entscheidungen verlangt, sie müßten „in erheblichem Maße aus dem Rahmen des Alltäglichen" fallen[103].

Die aufgeführten Entscheidungen haben in der Literatur im Ergebnis weitgehend Zustimmung gefunden[104]. Dies verwundert insofern nicht, als ihre Begründungen, vor allem aber ihre Prämissen, auf der Linie der von der herrschenden Meinung zum Begriff Zeitgeschichte vertretenen Auffassung liegen. Zur Zeitgeschichte, so wird argumentiert, gehöre alles Geschehen, für das „eine Information durch Bildbericht im Hinblick auf das Interesse einer breiten Öffentlichkeit sachentsprechend"[105] sei. Unter „sachentsprechend" wird dabei jedes berechtigte, d. i. nicht durch Sensation oder Neugier allein motivierte Interesse verstanden[106].

Gegen diese Auslegung des § 23 Abs. 1 Ziffer 1 KUG erheben sich gewichtige Einwände.

c) Kritik

Mit der Substitution des Begriffes Zeitgeschichte durch den des berechtigten Informationsinteresses der Allgemeinheit entfernt sich die herrschende Meinung nicht nur vom Wortlaut des § 23 Abs. 1 S. 1 KUG, sie widerspricht damit auch der Logik und der Systematik des Gesetzes.

Geht man in Übereinstimmung mit dem Gesetzgeber davon aus, daß § 23 KUG die Voraussetzungen umschreibt, unter denen dem Informationsinteresse der Allgemeinheit gegenüber dem Anonymitätsinteresse des Betroffenen der Vorrang eingeräumt wird[107], so gewinnt man gleich-

---

[102] KG bei *Schulze* KGZ Nr. 14 und 15. Auf die Schwere der Tat stellt auch das OLG Frankfurt, JZ 1971, 331, 333, ab.

[103] OLG Frankfurt, bei *Schulze* OLGZ Nr. 55, 4. Diese Einschränkung macht auch *Werhahn*, S. 325, der im übrigen aber den Angeklagten *grundsätzlich* für eine Person der Zeitgeschichte hält.

[104] Vgl. die Anmerkung von *Runge*, bei *Schulze* KGZ Nr. 15, 4 ff. und *Neumann-Duesberg*, bei *Schulze* OLGZ Nr. 54, 6 ff.; ders., Nr. 55, 6 f.; ders., Nr. 59, 8 ff.; ders., JZ 1971, 307; ders. (mit Einschränkungen), JZ 1973, 261 ff. Vgl. jedoch die Kritik von: *Erdsiek*, NJW 1963, 1392 (an OLG Nürnberg); *Eb. Schmidt*, Publizistik, S. 25 ff. (an OLG München); *Lampe*, NJW 1973, 217 ff. (an OLG Koblenz).

[105] So *Ulmer*, Urheberrecht, S. 326.

[106] Vgl. auch *Hubmann*, Urheberrecht, S. 262; *Voigtländer / Elster / Kleine*, Urheberrecht, S. 32.

[107] Vgl. zum Sinn der Vorschrift schon RGZ 74, 308 ff. — „Graf Zeppelin" —. Sinn des § 23 KUG sei es, „ein gewisses publizistisches Anrecht" an der Darstellung von Person des geschichtlichen und sozialen Lebens einzuräumen (S. 312).

zeitig auch Einsicht in die Rangordnung der Begriffe Zeitgeschichte und berechtigtes Informationsinteresse. Nach § 23 Abs. 1 KUG kommt eine Entscheidung des Interessenkonflikts in dem genannten Sinne nämlich nicht nur dann in Betracht, wenn die fragliche Person dem Bereich der Zeitgeschichte angehört; die Ziffern 2 - 4 sehen darüber hinaus noch weitere Möglichkeiten vor, die das Anonymitätsinteresse des einzelnen — vorbehaltlich § 23 Abs. 2 KUG — in den Hintergrund treten lassen. Das Informationsinteresse der Allgemeinheit bildet mithin den Oberbegriff zu allen in § 23 Abs. 1 Ziffer 1 - 4 KUG aufgeführten Tatbestandsmerkmalen. Damit verbietet es sich aber, will man nicht einem Zirkelschluß anheimfallen, jenen Begriff als Definiens des Merkmals Zeitgeschichte heranzuziehen. Die Zugehörigkeit einer Person zum Bereich der Zeitgeschichte bemißt sich mithin nicht danach, ob die Allgemeinheit ein berechtigtes Interesse hat, über deren Aussehen informiert zu werden; sondern es kann umgekehrt dieses Interesse allenfalls nur dann bejaht werden, wenn die Zeitgeschichtlichkeit der betreffenden Person explizit festgestellt worden ist[108]. Aber selbst dann ist nach § 23 KUG noch nicht hinreichend bewiesen, daß das Informationsinteresse auch ein *berechtigtes* ist. Nach der Systematik des Gesetzes[109] kann hiervon vielmehr erst dann gesprochen werden, wenn man die Voraussetzungen des § 23 Abs. 2 KUG, das berechtigte Interesse des Betroffenen, nicht abgebildet zu werden, verneint hat. Damit ist der zweite, auf dem Verstoß gegen die Systematik des Gesetzes beruhende Fehler angesprochen.

Indem die herrschende Meinung das berechtigte Informationsinteresse im Rahmen der Auslegung des § 23 Abs. 1 Ziffer 1 KUG berücksichtigt, sieht sie sich gezwungen, sämtliche Abgrenzungs- und Abwägungsfragen in den Begriff der Zeitgeschichte vorzuverlagern[110]. Dadurch verkürzt sie § 23 KUG auf eine der Systematik zuwiderlaufende Weise, ja, sie ignoriert im Grunde seine Problematik, denn sie verfährt — wie *Arzt* treffend feststellt — bisweilen so, daß sie das (berechtigte) Anonymitätsinteresse des Betroffenen als „jedenfalls" verletzt ansieht, ohne zuvor geprüft zu haben, ob die Person überhaupt der Zeitgeschichte angehört[111]. Die Konsequenzen liegen nahe. Die Argumentationen münden in Erwägungen, die sich nicht selten in der bloßen Aneinanderreihung konturloser Leerformeln erschöpfen[112].

Ein typisches Beispiel für eine von § 23 KUG geradezu losgelöste (obwohl ausdrücklich darauf bezugnehmende) Prüfung gibt das OLG

---

[108] Vgl. *Eb. Schmidt*, Publizistik, S. 26.
[109] Vgl. dazu oben 1. b).
[110] *Arzt*, S. 28.
[111] *Arzt* (FN 110).
[112] *Eb. Schmidt*, Publizistik, S. 26.

IV. Die Bildaufnahme als Verletzung des Rechts am Bild

Stuttgart[113] im Falle zweier wegen ihres zweifelhaften Einsatzes von der Presse heftig angegriffenen Polizisten. In bezug auf die Frage, ob die Presse das Recht habe, die Polizisten einem größeren Leserkreis im Bild vorzustellen, urteilt das Gericht wie folgt: Ein „Bedürfnis nach Bildberichterstattung" könne nur dann rechtlich anerkannt werden, „wenn eine Information *nicht überhaupt*, sondern *gerade durch Bildbericht*[114] sachentsprechend" sei.

In ähnlich weitem Maße entfernt sich auch *Neumann / Duesberg*[115] von der nach § 23 KUG gebotenen Prüfung. In seiner Rezension zum oben erwähnten Urteil des OLG Koblenz[116] stellt er die These auf, daß es für die Frage, ob ein wegen Beihilfe zu mehrfachem Mord und anderer Delikte verurteilter Strafgefangener Person der Zeitgeschichte sei, auf eine Abwägung zwischen dem Informationsinteresse einerseits und dem Resozialisierungsinteresse andererseits ankomme. *Neumann / Duesberg* gelangt zu dem Schluß, daß bei Überwiegen des Resozialisierungsinteresses ein „schützenswertes Informationsbedürfnis der Öffentlichkeit" nicht anzuerkennen und der Betroffene „dann (!) insoweit keine Person der Zeitgeschichte mehr"[117] sei.

Abgesehen von ihrer gesetzeslogischen und -systematischen Fehlerhaftigkeit eröffnen derartige Argumentationen[118] Raum zu einer beinahe beliebigen Deutung des Begriffes Zeitgeschichte, wobei die subjektive Meinung des Beurteilenden an die Stelle juristisch exakter Begriffsbildung tritt. So ist es beispielsweise mit den Regeln juristischer Auslegung kaum vereinbar, wenn *Neumann-Duesberg* das Kriterium der Rezosialisierung in die Definition des von Strafzweckgesichtspunkten völlig unabhängigen Begriffes Zeitgeschichte einfließen läßt. Ergebnisse, die auf der Grundlage einer solchen Gedankenführung zustandekommen, verdienen nicht zuletzt auch wegen ihres zufälligen Charakters mit größter Skepsis aufgenommen zu werden.

d) Kriterien zur Bestimmung des Begriffes Zeitgeschichte

Eine Interpretation, die sich nicht dem Vorwurf methodischer Unsauberkeit in dem oben beschriebenen Sinn aussetzen will, muß den Begriff Zeitgeschichte explizit bestimmen. Dabei begegnet man jedoch der Schwierigkeit, daß es sich um einen Begriff handelt, zu dessen

---

[113] JZ 1960, 126 f.
[114] Hervorhebung vom Verfasser.
[115] JZ 1973, 261 ff.
[116] NJW 1973, 253.
[117] *Neumann-Duesberg*, JZ 1973, 262.
[118] Das OLG Hamburg, Ufita 74 (1975), 334, 341, meint sogar, daß es auf die Beurteilung des Täters nach § 23 Abs. 1 KUG nicht ankomme, da gem. Abs. 2 ohnehin eine Interessenabwägung stattzufinden habe.

Definition die Geschichtswissenschaft eher berufen zu sein scheint als die Jurisprudenz. Diese Überlegung hat *Holldack*[119] veranlaßt, gegen das Reichsgericht mit dem Argument zu polemisieren, es bediene sich, indem es bei seiner Auslegung des Begriffes Zeitgeschichte die Beiträge der Geschichtswissenschaft völlig ignoriere, einer juristischen „Privatterminologie"[120], die zu wissenschaftlich unhaltbaren Ergebnissen führe. Welche inhaltlichen Implikationen sich mit Zeitgeschichte verbinden, könne allein auf der Grundlage des Geschichtsbegriffs ermittelt werden, wie ihn die zu seiner Auslegung berufene Fachdisziplin erarbeitet habe. Diese Ansicht *Holldacks* beruht auf einem prinzipiellen Mißverständnis. Durch seine Aufnahme in § 23 Abs. 1 Ziffer 1 KUG wird der Terminus Zeitgeschichte — wie jeder andere Begriff mit der gesetzlichen Fixierung auch — zu einem juristischen Begriff. Das bedeutet, daß seine inhaltliche Bestimmung nach Maßgabe juristischer Auslegungsregeln erfolgen muß; denn Aussagen, die auf ihm gründen, sind nicht geschichtswissenschaftlicher, sondern juristischer Art.

Damit verschließt sich der Jurist freilich nicht der Möglichkeit, die Geschichtswissenschaft als Hilfsdisziplin zu bemühen und ihre Erkenntnisse für die eigenen Zwecke nutzbar zu machen. Die Grenze, innerhalb der sich die Jurisprudenz fachfremder Interpretationshilfe bedienen darf, liegt jedoch dort, wo sich die Erkenntnisse der zu Rate gezogenen Hilfswissenschaft als ungeeignet erweisen, zur Entscheidung konkreter Lebenssachverhalte beizutragen.

Untersucht man unter diesem Aspekt — und mit dem erwähnten Vorbehalt — den Inhalt, den der Historiker vom Standpunkt seiner Wissenschaft aus mit dem Begriff Zeitgeschichte verbindet, so ist der Wert seiner Aussage für den mit der Interpretation des Rechtsbegriffs Zeitgeschichte befaßten Juristen äußerst gering. Während jener die letzten Jahrzehnte[121] als maßgebende Periode in das Spektrum seiner Beobachtungen einbezieht[122], sieht sich der Jurist vor die Aufgabe gestellt, Ereignisse und Personen der *Gegenwart* nach § 23 Abs. 1 Ziffer 1 KUG zu beurteilen. Wollte man § 23 Abs. 1 Ziffer 1 KUG daher im Sinne der Geschichtswissenschaft auslegen und den zeitlichen Abstand abwarten, den sie zur Beurteilung der Geschichtsreife eines bestimmten Ereignisses bzw. einer Person benötigt, so liefe die Vorschrift leer[123].

Zeitgeschichte im juristischen Sinn muß demzufolge den Bereich der Gegenwart in ihren Begriff einbeziehen. Damit freilich läuft sie Ge-

---
[119] JW 1932, S. 1333 ff.
[120] *Holldack*, S. 1336.
[121] Vgl. *Boris Schneider*, S. 84.
[122] Wobei einige Autoren selbst diesem Zeitraum mangels des notwendigen zeitlichen Abstandes die Geschichtsreife absprechen. Vgl. zum Diskussionsstand: *Rothfels*, S. 12 ff.
[123] Ähnlich schon *Marwitz*, Ufita 1933, S. 55, gegen *Holldack*, JW 1932, 1336.

IV. Die Bildaufnahme als Verletzung des Rechts am Bild

fahr, ihrer historischen Dimension völlig entkleidet und auf eine Definition festgelegt zu werden, über welche die ganze Fülle kurzlebiger Tagesereignisse in den Begriff Eingang findet. Dies wirft die Frage auf, ob zur Zeitgeschichte auch solche Informationen zählen, von denen weder vorhergesagt werden kann noch wahrscheinlich ist, daß sie über eine längere Dauer in der Erinnerung haften; denn stattgefundene Ereignisse pflegen — empirisch nachprüfbar — je nach ihrer Intensität, mit wachsendem zeitlichen Abstand im Bewußtsein der Menschen zu verblassen.

Für eine die bloßen Tagesereignisse einbeziehende Interpretation des Begriffes Zeitgeschichte spricht § 50 UrhG[124]. Danach sind Massenmedien befugt, im Zusammenhang mit der Berichterstattung über allgemein interessierende Tagesereignisse Werke „wahrnehmbar werden" zu lassen, ohne dabei Rücksicht auf das Urheberrecht Dritter an diesen Werken nehmen zu müssen[125]. Der Rekurs auf § 50 UrhG liegt deshalb nahe, weil § 141 Nr. 5 UrhG, wonach die §§ 22 ff. KUG fortgelten, § 23 Abs. 1 Ziffer 1 KUG systematisch dem Urhebergesetz zuordnet und damit eine Beziehung zu § 50 UrhG herstellt, die — unter dem Gesichtspunkt der Gesetzessystematik — für eine derartige Interpretation spricht. Dem Einwand, der persönlichkeitsrechtliche Charakter des § 23 Abs. 1 Ziffer 1 KUG verbiete gerade von der Systematik her eine Vergleichbarkeit mit der urheberrechtlichen Vorschrift des § 50 UrhG, könnte man entgegenhalten, daß auch das Urheberrecht persönlichkeitsrechtlichen Einschlag habe (§ 11 UrhG)[126] und demzufolge einer Heranziehung zur Interpretation des § 23 Abs. 1 Ziffer 1 KUG nicht prinzipiell entgegenstehe.

Die Argumentation überzeugt jedoch aus einem anderen Grunde nicht. Persönlichkeitsrecht und Urheberrecht sind trotz partieller Überschneidungen ihrer Struktur nach zu unterschiedlich, als daß die Bedingungen, unter denen dieses durchbrochen werden darf (§ 50 UrhG) notwendig auch auf das Persönlichkeitsrecht der §§ 22 ff. KUG übertragbar wären. So bemessen sich etwa die Schranken, die das Gesetz dem Urheberrecht zieht, in der Regel nach anderen Kriterien als die des Persönlichkeitsrechts. Speziell § 50 UrhG stellt eine Ausprägung der Sozialbindung des Eigentums nach Art. 14 Abs. 2 GG dar, der das Urheberrecht in seinem vermögensrechtlichen Bestandteil generell unterliegt[127] — eine Bedingung, die dem Persönlichkeitsrecht in dieser Form wesensfremd ist.

---

[124] Vgl. *Arzt*, Intimsphäre, S. 27, FN 67.
[125] Zum Begriff „Tagesereignis" vgl. *Bappert*, GRUR 1963, S. 19.
[126] *Hubmann*, Urheberrecht, S. 2, 69.
[127] *Hubmann*, S. 70 ff.; BVerfG NJW 1971, 2163 ff.; 1972, 146.

Nachdem weder der Wortlaut noch die systematische Nähe des § 23 Abs. 1 Ziffer 1 KUG zu § 50 UrhG Aufschluß über die Art der Information geben, die dem Begriff Zeitgeschichte subsumiert werden können, empfiehlt es sich, diese Frage unter dem Aspekt von Sinn und Zweck der Vorschrift zu prüfen. Sie kann, da § 23 Abs. 1 KUG gemäß der oben getroffenen Feststellung dem Informationsinteresse der Allgemeinheit zu dienen bestimmt ist, nur vom Boden derjenigen Norm aus sinnvoll beantwortet werden, in der jenes Informationsinteresse seinen juristischen Ort hat — Art. 5 Abs. 1 GG.

Mit dem Grundrecht auf freie Information entspricht Art. 5 Abs. 1 S. 1 GG dem Bedürfnis des einzelnen, sich über seine Umwelt zu unterrichten[128]. Dieses Recht würde grundgesetzwidrig verkürzt, wenn es im Rahmen des § 23 Abs. 1 Ziffer 1 KUG nur unter der Bedingung Anerkennung finden sollte, daß der Gegenstand, auf den sich das Informationsinteresse bezieht, einmal geschichtliche Bedeutung erlangen müsse. Ein solches Verständnis würde den Betrachter vor die Aufgabe stellen, ex ante Entscheidungen fällen zu müssen, die erst in der Zukunft *rückblickend* getroffen werden könnten. Um dieser Anforderung gerecht werden zu können, müßte derjenige, der ein Ereignis oder eine Person nach § 23 Abs. 1 Ziffer 1 KUG zu beurteilen hat, mit geradezu prophetischem Weitblick ausgestattet sein, also eine Fähigkeit besitzen, die Menschenmögliches überschreitet und von Art. 5 Abs. 1 GG auch nicht vorausgesetzt wird.

Damit läßt sich ein für die Auslegung des § 23 Abs. 1 Ziffer 1 KUG wichtiger Gesichtspunkt festhalten: Art. 5 Abs. 1 S. 1 GG gebietet den Begriff Zeitgeschichte so zu interpretieren, daß es bei der Prüfung der Frage, wann Ereignisse bzw. Personen zeitgeschichtliche Bedeutung besitzen, nicht darauf ankommt, ob sie derart aus dem Tagesgeschehen herausragen, daß sie auf längere Sicht bemessen einen nachhaltigen Eindruck hinterlassen. Bei dieser von seiner Geschichtsbezogenheit losgelösten Auslegung des § 23 Abs. 1 Ziffer 1 KUG ist jedoch zu beachten, daß die Vorschrift den Charakter einer Ausnahmebestimmung zu § 22 KUG trägt und demzufolge einer Interpretation bedarf, die garantiert daß die Auswahl der unter § 23 Abs. 1 Ziffer 1 KUG fallenden Informationen restriktiv, d. h. mit Rücksicht auf das Persönlichkeitsrecht des Betroffenen aus dem durch Art. 1 Abs. 2, 2 Abs. 1 GG verstärkten § 22 KUG vorgenommen wird[129]. Ein sachgerechter Gesichtspunkt wäre es daher, nur solche Informationen als zeitgeschichtliche im Sinne des § 23 Abs. 1 Ziffer 1 KUG anzusehen, die sich aus der Fülle bloßer Tagesereignisse herausheben und — wie es der Referentenentwurf eines

---

[128] *Maunz / Dürig / Herzog*, Rdnr. 85 zu Art. 5 GG.
[129] BVerfGE 35, 202 (224 f.).

Urhebergesetzes vorsah[130] — dem *Zeitgeschehen* zugerechnet werden können. Diese Deutung des Begriffes Zeitgeschichte verdient vor allem auch deshalb den Vorzug, weil sie dem mit Art. 5 Abs. 1 S. 1 unvereinbaren Mißverständnis vorbeugt, bei der Interpretation des § 23 Abs. 1 Ziffer 1 KUG dürfe der Bezug zur *Geschichte* nicht verlorengehen[131].

e) Die Konsequenzen für die Auslegung des § 23 Abs. 1 Ziffer 1 KUG

Mit der Deutung des Begriffes Zeitgeschichte im Sinne von Zeitgeschehen ist das Problem der Interpretation des § 23 Abs. 1 Ziffer 1 KUG freilich noch nicht gelöst. Es stellt sich vielmehr die Frage nach einer sachgerechten Abgrenzung gegenüber solchen Vorgängen, die — im Gegensatz zum Zeitgeschehen — bloße „Tagesereignisse" darstellen. Bezogen auf den Strafprozeß scheint eine solche Abgrenzung in eine ähnlich breit gefächerte Kasuistik zu münden, wie sie aus der oben dargestellten Rechtsprechung und Literatur noch in Erinnerung ist[132]. Zum Zeitgeschehen, so könnte man in Anlehnung daran schließen, gehöre ein Strafverfahren dann, wenn ihm der Charakter des „Alltäglichen" genommen werde, sei es durch die Schwere der Tat, die besonderen Umstände, die sie begleitet haben, die Person des Angeklagten oder anderer Prozeßbeteiligter; die Kriterien ließen sich beliebig erweitern.

Es fragt sich allerdings, ob es ihrer überhaupt bedarf, um die vorliegende Problematik zu lösen. Diese Frage stellt sich um so dringlicher, als jene Kriterien sämtlich an Tatsachen anknüpfen, denen der Charakter das Spektakulären anhaftet. Wollte man von ihrem Vorliegen die Zugehörigkeit eines Strafverfahrens zum Bereich des Zeitgeschehens abhängig machen, so liefe dies inzidenter auf eine Definition hinaus, nach der zum Zeitgeschehen alles (und nur das) zählte, was geeignet wäre, in irgendeiner Form Aufsehen zu erregen[133]. Es wäre jedoch verfehlt, den Begriff Zeitgeschehen auf solche Vorgänge festlegen zu wollen, die sich kraft ihrer publizitätsträchtigen Wirkung aus der Fülle täglicher Ereignisse herausheben. Denn damit würde man Zeitgeschehen zu einer Variablen des jeweils herrschenden Zeitgeschmacks herabstufen[134], ein Verständnis, das sich im übrigen auch mit dem Zweck der §§ 22, 23 Abs. 1 Ziffer 1 KUG, die Privatsphäre des einzelnen zu schützen[135], nicht in Einklang bringen ließe, da der Publikumsgeschmack

---
[130] Vgl. dazu *Arzt*, S. 26.
[131] *Arzt*, S. 26, FN 66.
[132] Siehe oben 2. b).
[133] Vgl. die oben 2. b) angeführten Stimmen aus Rechtsprechung und Literatur.
[134] Denn danach bemißt sich letztlich, was als publikumswirksam angesehen und damit für publizitätsfähig befunden wird.
[135] Siehe oben 1. b).

noch zu keiner Zeit vor der Privatsphäre des anderen Halt zu machen pflegte.

Damit soll freilich nicht bestritten werden, daß zwischen der Publizität eines Ereignisses und dessen Zugehörigkeit zum Zeitgeschehen durchaus ein innerer Zusammenhang bestehen kann, nur ist dies kein taugliches Kriterium, um Zeitgeschehen allgemein verbindlich vom sogenannten Tagesereignis abzugrenzen. Der Unterschied besteht vielmehr darin, daß Zeitgeschehen einen Vorgang voraussetzt, der nicht nur den einzelnen oder einige wenige betrifft, wie dies bei alltäglichen Ereignissen der Fall ist, sondern die Gesellschaft als Ganzes (zumindest doch aber einen Teil von ihr) angeht.

Von dieser Prämise aus betrachtet hängt die Beantwortung der Frage, ob ein Strafverfahren zum Bereich des Zeitgeschehens gehört, von der Bedeutung ab, die ihm innerhalb der Gesellschaft zukommt.

Aufgabe des Strafverfahrens ist es, das materielle Strafrecht dergestalt zu ergänzen, daß Verstöße gegen die in seinen Tatbeständen enthaltenen Normen nicht zugleich auch seine Funktion — die elementaren, für ein friedliches menschliches Zusammenleben notwendigen Voraussetzungen zu gewährleisten — in Frage stellen. Denn das Strafrecht bliebe weitgehend wirkungslos, wenn ihm nicht ein Machtmittel zur Seite stünde, um die zur Erforschung eines strafbaren Verhaltens notwendigen Umstände zu ermitteln, die Schuld des Täters festzustellen und (gegebenenfalls) die vorgesehenen Sanktionen gegen ihn zu verhängen und durchzusetzen[136]. Diese Funktionsbezogenheit auf das materielle Strafrecht macht deutlich, welchen Zweck das Strafverfahren verfolgt: Es geht in ihm um die Verwirklichung des vom materiellen Strafrecht beabsichtigten Zieles — jene lebenswichtigen Gemeinschaftsgüter zu sichern, an deren Aufrechterhaltung im Interesse der Gesellschaft als Ganzes festgehalten werden muß. Dem Strafverfahren fällt m. a. W. eine gesellschaftspolitische Aufgabe zu, deren Bedeutung es rechtfertigt, in jedem Prozeß — gleichviel, um welche Taten und um welche Personen es sich dabei handelt — einen Vorgang des Zeitgeschehens im oben definierten Sinne zu sehen. Damit erfährt § 23 Abs. 1 Ziffer 1 KUG eine Auslegung, nach der jeder potentielle Straftäter, insbesondere also jeder Angeklagte, zur (relativen)[137] Person der Zeitgeschichte wird[138].

Gegen dieses Ergebnis verfängt auch der unlängst von *Lampe* geäußerte Einwand nicht, wonach der Angeklagte „als vermutlich Un-

---

[136] *Baumann*, Grundbegriffe, S. 3.
[137] Vgl. dazu *Neumann-Duesberg*, JZ 1960, 144 ff.; ferner oben 1. b).
[138] So im Ergebnis neuestens auch OLG Braunschweig, Ufita 74 (1975), 342, 345 und *Kühle*, AfP 1973, 357.

IV. Die Bildaufnahme als Verletzung des Rechts am Bild

schuldiger auch vermutlich nicht Person der Zeitgeschichte"[139] sei. § 23 Abs. 1 Ziffer 1 KUG ist weder darauf angelegt, überführte Straftäter den Kameras interessierter Fotoreporter auszuliefern noch Unschuldige vor ihnen zu schützen. Demzufolge ist auch für die Fiktion, daß der Angeklagte vor seiner rechtskräftigen Verurteilung nicht als Person der Zeitgeschichte *gelte*, im Rahmen des § 23 Abs. 1 Ziffer 1 KUG kein Raum. Die Unschuldsvermutung verhält sich gegenüber der Beurteilung des Angeklagten nach § 23 Abs. 1 Ziffer 1 KUG neutral.

Mit der Qualifizierung des Angeklagten als Person der Zeitgeschichte i. S. d. § 23 Abs. 1 Ziffer 1 KUG ist freilich die Frage noch nicht beantwortet, ob die Bildpresse berechtigt ist, zum Zwecke der Bildberichterstattung fotografische Aufnahmen von ihm anzufertigen. Hierüber kann erst auf der Grundlage des § 23 Abs. 2 KUG entschieden werden.

3. Die berechtigten Interessen des Angeklagten § 23 Abs. 2 KUG

a) Der Begriff „berechtigte Interessen" im Sinne des § 23 Abs. 2 KUG

Wie an früherer Stelle[140] bereits angesprochen worden ist, soll § 23 Abs. 2 KUG verhindern, daß Personen, die entsprechend den in § 23 Abs. 1 KUG aufgeführten Gesichtspunkten in Beziehung zu ihrer Umwelt treten, nicht gänzlich des Schutzes ihrer Persönlichkeitssphäre beraubt werden; denn jedermann bleibt, selbst wenn er sich in den Beziehungen zu seiner Umwelt exponiert, ein Kernbereich des Privatseins erhalten[141], dessen Schutz dem Persönlichkeitsrecht obliegt. § 23 Abs. 2 KUG wirkt somit gleichsam als ein persönlichkeitsrechtliches Korrelativ, welches die Privatsphäre des einzelnen gegen die Gefahr abschirmt, aus zeitgeschichtlichem oder einem ähnlichen (vgl. Abs. 1 Ziffern 2 - 4) Interesse an seiner Person durchbrochen zu werden.

Es wäre jedoch verfehlt, § 23 Abs. 2 KUG ausschließlich an den Persönlichkeitsbelangen des Betroffenen auszurichten und die Grenzen der unantastbaren Persönlichkeitssphäre so weit zu fassen, daß dadurch der Grundgedanke des § 23 Abs. 1 beliebig unterlaufen und das Informationsinteresse zur Bedeutungslosigkeit herabgestuft würde. Einem solchen Verständnis stünde schon der Wortlaut des Gesetzes entgegen; denn § 23 Abs. 2 KUG hält nur ein *berechtigtes*, d. i. rechtlich anerkennenswertes Anonymitätsinteresse für schutzwürdig. Hiervon kann aber nur dann gesprochen werden, nachdem die einander konkurrierenden Interessen in Beziehung zueinander gesetzt und ihrer Bedeutung ent-

---
[139] NJW 1973, 218.
[140] Siehe oben 1. b).
[141] Ähnlich *Hubmann*, JZ 1957, 524.

sprechend angemessen berücksichtigt worden sind. Damit eröffnet § 23 Abs. 2 KUG eine Problematik, die seine Interpretation in eine Auseinandersetzung mit zentralen Fragen des Verfassungsrechts münden läßt. Anders ausgedrückt, § 23 Abs. 2 KUG steht in einem Spannungsfeld zwischen der Pressefreiheit auf der einen und dem Persönlichkeitsrecht auf der anderen Seite. Dies wirft die Frage nach den Konsequenzen auf, die sich daraus für die Interpretation des § 23 Abs. 2 KUG ergeben.

Aus der Sicht der Pressefreiheit des Art. 5 Abs. 1 S. 2 GG enthält § 23 Abs. 2 KUG — da er fotografische Aufnahmen nur insoweit zuläßt, als ihnen berechtigte Interessen des Betroffenen nicht entgegenstehen — eine Einschränkung (Art. 5 Abs. 2 GG)[142]. Für die Auslegung des § 23 Abs. 2 KUG gelten daher grundsätzlich die Regeln, die das Bundesverfassungsgericht in ständiger Rechtsprechung[143] und in Übereinstimmung mit dem überwiegenden Teil des Schrifttums[144] für die Interpretation der allgemeinen Gesetze im Sinne des Art. 5 Abs. 2 GG aufgestellt hat[145]. Das heißt, die Einschränkung darf nicht in einer Weise erfolgen, die Art. 5 Abs. 1 S. 2 GG „übermäßig" einengt[146] und in seiner Bedeutung relativiert. Das einschränkende Gesetz muß vielmehr „im Lichte" der Verfassungsgarantie[147] — hier also der Pressefreiheit — gesehen und gegebenenfalls aus ihr wieder eingeschränkt werden[148]. Dieser allgemeine Grundsatz begegnet jedoch im Falle des § 23 Abs. 2 KUG der Besonderheit, daß hier die Einschränkung ihrerseits wiederum im Dienst eines „hohen Verfassungswertes", nämlich des Persönlichkeitsrechts aus Art. 1 Abs. 1, 2 Abs. 1 GG steht[149]. Sowohl die Pressefreiheit als auch das Persönlichkeitsrecht stellen Verfassungsgrundsätze dar, von denen prinzipiell keinem vor dem anderen der Vorrang gebührt; denn beide bilden nach dem Willen des Grundgesetzes „essen-

---

[142] Zur Frage des § 23 Abs. 2 KUG als „allgemeines Gesetz" i. S. d. Art. 5 Abs. 2 GG, vgl. BVerfGE 35, 202 (224).

[143] BVerfG 7, 198 (208 f.); 12, 113 (124 ff.); 20, 162 (176 f.); 24, 278 (282); 25, 44 (55); 27, 71 (80); 35, 202.

[144] Vgl. z. B. *Leibholz / Rinck*, S. 195; *v. Mangoldt / Klein*, S. 248 m. w. Nachw.

[145] Gegen die Qualifizierung des § 23 Abs. 2 KUG als „allgemeines Gesetz" i. S. d. Art. 5 Abs. 2 GG könnte die Entstehungsgeschichte der Vorschrift sprechen. Wie oben FN 31 ausgeführt, wurden die §§ 22 ff. KUG durch das Eindringen zweier Journalisten in das Sterbezimmer Bismarcks veranlaßt. Daraus könnte man schließen, die §§ 22 ff. KUG seien *direkt* gegen die Presse gerichtet. Dieser Schluß wäre jedoch verfehlt, denn das Hauptanwendungsgebiet der §§ 22 ff. KUG liegt keineswegs „im Wirkungsfeld des Art. 5 Abs. 1 GG" (*Bettermann*, JZ 1964, 603); die Vorschriften wenden sich vielmehr „prinzipiell an alle Rechtsunterworfenen" (*Weber*, AfP 1974, 589) und damit vor allem auch an die große Zahl der „Hobbyfotografen", deren Betätigungsfeld sie ebenfalls begrenzen.

[146] BVerfGE 35, 202 (225).

[147] BVerfG, S. 223 f.

[148] Grundlegend dazu BVerfGE 7, 198 (208 f.); vgl. ferner FN 143 f.

[149] BVerfGE 35, 202 (224 f.).

IV. Die Bildaufnahme als Verletzung des Rechts am Bild

tielle Bestandteile der freiheitlichen demokratischen Ordnung"[150]. Diese prinzipielle Gleichwertigkeit der einander gegenüberstehenden Rechtsgüter gebietet es, den durch Art. 1 Abs. 1, 2 Abs. 1 GG verstärkten[151] § 23 Abs. 2 KUG dergestalt zu interpretieren, daß seine Orientierung an Art. 5 Abs. 1 S. 2 GG nicht von vornherein in eine Präponderanz zugunsten der Pressefreiheit umschlägt. Unter Berücksichtigung dieser Erwägungen gilt es nunmehr, Maßstäbe zu entwickeln, die es erlauben, konkrete Aussagen über die berechtigten Interessen des Angeklagten an der Verhinderung fotografischer Aufnahmen von seiner Person zu treffen.

b) Die Notwendigkeit einer Interessenabwägung

Aus der prinzipiellen Gleichwertigkeit von Pressefreiheit und Persönlichkeitsrecht folgt nicht etwa, daß in Konfliktfällen der vorliegenden Art eine „Pattsituation" einträte. Die durch Art. 5 Abs. 1 S. 2 GG geschützte Pressefreiheit kann im Gegenteil durchaus „restriktive Wirkungen" auf den aus dem Persönlichkeitsrecht abgeleiteten Bildnisschutz entfalten (und umgekehrt)[152]. Maßgebend hierfür ist die konkrete Interessenlage. Es stellt sich deshalb die Aufgabe, die einander entgegengesetzten Interessen — hier also das der Bildpresse auf der einen und das des Angeklagten auf der anderen Seite — herauszuarbeiten und zu einem Ausgleich in dem Sinne zu bringen, daß festgestellt werden kann, welches von beiden hinter dem anderen zurücktreten muß[153]. Hierbei ist davon auszugehen, daß der hohe Wert, den das Grundgesetz der menschlichen Persönlichkeit beimißt, die Wahrung ihrer größtmöglichen Freiheit erfordert[154]. Das bedeutet, daß Eingriffe in die geschützte Persönlichkeitssphäre nur insoweit zulässig sind als sie nicht außer Verhältnis zu der Bedeutung stehen, welche der Bildberichterstattung im Hinblick auf ihre Verankerung in Art. 5 Abs. 1 S. 2 GG zukommt. Diese am Grundsatz der Verhältnismäßigkeit ausgerichtete Abwägung der konkurrierenden Interessen zeichnet den Weg vor, den die Untersuchung im folgenden einschlagen muß. Sie hat einerseits „die Intensität des Eingriffes in den Persönlichkeitsbereich"[155] des Angeklagten[156] und andererseits das Gewicht des Informationsinteresses zu berücksichtigen, welches die Presse konkret mit der Bildberichterstattung aus dem Gerichtssaal verfolgt[157].

---

[150] BVerfG (FN 149).
[151] BVerfG (FN 149).
[152] Ähnlich BVerfG (FN 149).
[153] Unten 3. e).
[154] BVerfGE 7, 377 (405); 13, 97 (105).
[155] BVerfGE 35, 202 (226).
[156] Unten 3. d).
[157] Unten 3. c).

c) Das Informationsinteresse der Bildpresse: Art. 5 Abs. 1 S. 2 GG

Die Frage nach Art und Bedeutung des Informationsinteresses der im Gerichtssaal tätigen Bildpresse wurde bereits an anderer Stelle behandelt[158]. Im folgenden geht es nunmehr um die verfassungsrechtliche *Bewertung* dieses Informationsinteresses. Gleichwohl empfiehlt es sich, jene früheren Erörterungen zum Ausgangspunkt zu nehmen. Diese hatten im Ergebnis zu der Feststellung geführt, daß die bildliche Darstellung des Angeklagten in der Presse vornehmlich dem Zweck dient, das Sensations- und Unterhaltungsbedürfnis, sowie die Neugier der Leser illustrierter Gerichtsberichterstattungen zu befriedigen.

Fragt man nach der rechtlichen Bewertung dieses Interesses und vor allem nach den juristischen Konsequenzen, die daraus zu ziehen sind, so findet man in Rechtsprechung und Literatur eine nahezu einhellige Antwort: Neugier oder Sensationslust seien keine rechtlich anerkennenswerten Motive, um eine Bildberichterstattung zu rechtfertigen[159].

Bei näherer Prüfung der einschlägigen Entscheidungen und Stellungnahmen fällt auf, daß „Sensationslust" und „Neugier" meist nie allein gebraucht werden, sondern in Verbindungen mit Adjektiven wie „bloße", „reine", „einfache" Sensationslust bzw. Neugier vorkommen; das OLG Stuttgart spricht im Zusammenhang mit dem oben[160] besprochenen Fall der Veröffentlichung von Bildern zweier Polizisten sogar von „hämischer Neugier"[161]. Man mag darüber streiten, worin der Unterschied zwischen Sensationslust und „reiner" Sensationslust liegt, oder wie Neugier von der „bloßen" bzw. „hämischen" Neugier abzugrenzen ist. Die Verwendung solcher Floskeln läßt die ganze Fragwürdigkeit erkennen, die den jeweiligen Begründungen anhaftet. Zu Recht wendet *Arzt* gegen sie ein, „daß hinter der Fassade der ganz herrschenden Meinung die Probleme noch offen sind"[162]. Sie zu lösen erfordert eine Analyse über den Umfang und die Grenzen der Pressefreiheit. Es ist m. a. W. zu prüfen, ob und inwieweit die Bildpresse sich in ihrem

---

[158] Vgl. oben § 3.
[159] Vgl. allgemein hierzu *Bussmann*, DJT-Gutachten, S. 52; *ders.*, JR 1955, 204; *v. Gamm*, Einführung, S. 97; *Henkel*, DJT-Gutachten, S. 99; *Hirsch*, S. 12; *Hitz*, S. 84; *Hubmann*, Persönlichkeitsrecht, S. 324 f., 331; *ders.*, Ufita 26 (1958), 31; *Jäggi*, S. 244 a ff.; *Löffler*, Presserecht, S. 321; *Czajka*, S. 99; *Neumann-Duesberg*, JZ 1960, 117; *Nipperdey*, DJT-Referat, D 7; *Osterrieth / Marwitz*, § 23 KUG, Anm. B III 3, D III 1, 2; *Scheer*, S. 190; *Schumacher*, S. 74; *Ulmer*, Urheber- und Verlagsrecht, S. 40; *Voigtländer / Elster / Kleine*, Urheberrecht, S. 32. BGHZ 24, 200 (208); BGH LM Nr. 10 zu §§ 22 KUG; OLG Frankfurt, bei *Schulze* OLGZ 55, 5; BGHSt 18, 182 (187). Vgl. demgegenüber *Ad. Arndt*, NJW 1963, 194; *Küster*, S. 24 ff.; *Wenzel*, S. 162.
[160] 2. c).
[161] OLG Stuttgart, JZ 1960, 129.
[162] *Arzt*, S. 36.

IV. Die Bildaufnahme als Verletzung des Rechts am Bild

Bestreben nach Befriedigung von Neugier, Sensationslust und Unterhaltungsbedürfnis der Allgemeinheit auf Art. 5 Abs. 1 S. 2 GG berufen kann.

Der „ganz herrschenden Meinung" läßt sich zu dieser Frage nur insoweit etwas entnehmen, als sie im Ergebnis der weitverbreiteten Tendenz folgt, Art. 5 Abs. 1 S. 2 GG restriktiv zu interpretieren[163]. Derartigen Interpretationen liegt die Auffassung zugrunde, Art. 5 Abs. 1 S. 2 GG übertrage der Presse eine öffentliche Aufgabe. Daraus wird der Schluß gezogen, daß Druckerzeugnisse nur insoweit Anspruch auf den Schutz der Pressefreiheit erheben können, als sie zur Erfüllung öffentlicher Aufgaben dienen[164]. Hiervon könne jedoch im Falle einer Bildberichterstattung, die in den Dienst von Neugier und Sensationslust gestellt sei, keine Rede sein[165].

Die Theorie von der öffentlichen Aufgabe der Presse ist, als juristische Kategorie verstanden, in mehrfacher Hinsicht angreifbar. Skeptisch stimmt bereits der Versuch, Art. 5 Abs. 1 S. 2 GG anhand eines Begriffes auslegen zu wollen, der „im Verfassungstext nicht einmal andeutungsweise" erwähnt wird[166]. Hinzu kommt, daß der Begriff der öffentlichen Aufgabe der Presse erstmals in einem Gesetz juristische Geltung erlangte, welches der Entfaltung einer freien Presse geradezu entgegenstand. Nach § 1 des Schriftleitergesetzes vom 4. 10. 1933[167] oblag dem Schriftleiter eine „vom Staat geregelte öffentliche Aufgabe", deren konkrete Ausgestaltung sich in der Auferlegung bestimmter öffentlich-rechtlicher Berufspflichten[168], der Zwangsmitgliedschaft im Reichsverband der Deutschen Presse[169] sowie in der Unterwerfung der Schriftleiter unter eine besondere Berufsgerichtsbarkeit[170]

---

[163] Vgl. zur Kritik an der h. M. *Ad. Arndt*, NJW 1967, 1846.

[164] Einschränkend insoweit das Bundesverfassungsgericht, das den Massenmedien das Grundrecht aus Art. 5 Abs. 1 Satz 2 GG prinzipiell ohne Rücksicht darauf angedeihen läßt, ob sie in Wahrnehmung öffentlicher Aufgaben handeln oder nicht. „Die in gewisser Weise bevorzugte Stellung" sollen die Medien allerdings nur „im Rahmen dieser Aufgabe" genießen (BVerfGE 20, 162, 176). Das Gericht räumt ihnen für diesen Fall mithin einen „verfassungsrechtlichen ‚Bonus'" ein, wohingegen für Äußerungen, die nicht unter den Begriff der öffentlichen Aufgabe fallen, nur ein verfassungsrechtlicher „Mindestschutz" gewährt wird (*Hoffmann-Riem*, JZ 1975, 470 f.; aus der Rechtsprechung des Bundesverfassungsgerichts vgl. insbesondere BVerfGE 12, 205, 260 f.; 20, 162, 174 f.; 31, 314, 325 f.; 34, 269, 283; 35, 202, 222 f.).

[165] Anstelle der umfangreichen, hier auch nicht annähernd darstellbaren Literatur und Rechtsprechung vgl. die grundlegenden Ausführungen von *Schüle*, Persönlichkeitsschutz, S. 4 ff. und *Huber*, Persönlichkeitsschutz, S. 69 ff.; sämtlich m. w. Nachw.

[166] *Martens*, S. 66.

[167] RGBl. I, 713 ff.

[168] §§ 13 - 15.

[169] § 23.

[170] §§ 27, 28, 31 - 34.

niederschlug. Zweifelsohne bietet die mißbräuchliche Verwendung, die der Begriff öffentliche Aufgabe während einer überwundenen Epoche der Rechtsgeschichte erfahren hat[171], allein noch kein hinreichendes Argument gegen seine Eignung als Rechtsbegriff; die Auffassung einiger Autoren weckt jedoch Reminiszenzen, die zu einer distanzierten Beurteilung jenes „vorbelasteten Terminus"[172] herausfordern. Gemeint sind damit Äußerungen, in denen aus einem staatsbezogenen Verständnis des Attributs „öffentlich"[173] heraus die Presse „in das institutionelle Gefüge der Staatsleitung"[174] gestellt wird, indem man sie als „vierte Gewalt"[175] und ihre „Aufgabe" als „öffentlichen Dienst"[176], „öffentliches Amt"[177] oder gar „öffentlich-rechtlich gebundenen Beruf"[178] bezeichnet[179]. Daß es sich dabei nicht um unverbindliche Metaphern, sondern um positivistische Vehikel handelt, die es ermöglichen sollen, die Presse zur Erfüllung „wünschenswerter" Funktionen in Pflicht zu nehmen, beweisen Ausführungen wie die von *Franz Schneider*[180] in aller Deutlichkeit. *Schneider* ist der Auffassung, öffentliche Aufgaben seien solche, „welche das Verhältnis der Gemeinschaft zur Polis als Organismus regeln"; darunter versteht er Aufgaben, die „zum Funktionieren der Staatsform", d. i. zum „zweckvollen und friedlichen, sozial und ethisch gesunden Zusammenleben der Bürger" beitragen[181]. Eine ähnlich restriktive Auslegung des Pressebegriffs vertritt *Friedrich Klein*[182]; er versteht unter Presse „nur die Veröffentlichung politisch-weltanschaulich-kultureller Nachrichten und Stellungnahmen sowie die sonstige sachliche Berichterstattung in Zeitungen und Zeitschriften". *Adolf Arndt*[183] ist den Verfechtern solcher Interpretationen des Art. 5 Abs. 1 S. 2 GG zu Recht mit der Warnung entgegengetreten, sie redeten dem „Weltanschauungsstaat" und der „Demontage der Verfassung" das Wort[184].

Die Bedenken, die sich gegen die Theorie von der öffentlichen Aufgabe der Presse richten, basieren jedoch nicht allein auf rechtspoliti-

---

[171] Vgl. das „Stürmer"-Urteil des OLG Frankfurt, JW 1937, 1261 ff.
[172] *Martens*, S. 126.
[173] Zur Staatsbezogenheit des Begriffes „öffentlich" vgl. oben § 1. II.
[174] *Scheuner*, VVDStRL 22, S. 31.
[175] *Löffler*, Presserecht, S. 4 ff.
[176] *Hirsch*, S. 15; *Mallmann*, Publizistik, S. 323 ff., 351.
[177] *Küster*, S. 20.
[178] *Smend*, Staatsrechtliche Abhandlungen, S. 389; *Mallmann*, S. 331.
[179] Zur Kritik daran: *Dagtoglou*, S. 16 f.; *Scheuner*, VVDStRL 22, S. 31; *Schnur*, VVDStRL 22, S. 113 ff.; *Schüle*, Persönlichkeitsschutz, S. 24 f.
[180] Pressefreiheit, S. 117.
[181] *Schneider*, Pressefreiheit, S. 117.
[182] *v. Mangoldt / Klein*, VI, 3 zu Art. 5 GG.
[183] NJW 1963, 193, gegen *Franz Schneider* (FN 181).
[184] Ähnlich *Dagtoglou*, S. 30.

IV. Die Bildaufnahme als Verletzung des Rechts am Bild

schen Erwägungen oder unliebsamen Reminiszenzen an überwundene Rechtszustände. Sie stellen sich gleichermaßen auch aus grundrechtsdogmatischen Überlegungen; denn in dem Maße, in dem man den Begriff der öffentlichen Aufgabe im Sinne eines juristisch verbindlichen Verfassungsauftrages versteht und auf staats- oder gesellschaftspolitisch wertvolle Inhalte festlegt, unterwirft man die Presse einer thematischen Begrenzung, die dazu führt, daß „Berichte und Kommentare, denen es von vornherein auf Skandal und Sensation ankommt"[185], ebenso vom Kreis geschützter Presseäußerungen ausgenommen sind wie Publikationen, die „nur" der Unterhaltung dienen[186]. Öffentliche Aufgabe wird damit „zu einer Art immanenter Grundrechtsschranke"[187] — eine Auffassung, die sich mit Art. 5 Abs. 1 S. 2 GG allein schon deshalb nicht in Einklang bringen läßt, weil sie — wie es besonders bei *Franz Schneider* deutlich wird — zu einer unzulässigen Umgehung des Gesetzesvorbehalts nach Art. 5 Abs. 2 GG führt[188], bzw. diesen gänzlich überflüssig macht.

Der Begriff der öffentlichen Aufgabe ist jedoch nicht nur wegen seiner Funktion als immanente Gewährleistungsschranke des Art. 5 Abs. 1 S. 2 GG abzulehnen; Skepsis begegnet er auch insoweit, als versucht wird, aus ihm bestimmte Privilegien für die Presse abzuleiten[189]. Dies gilt insbesondere im Hinblick auf die in diesem Zusammenhang interessierende These, die Presse könne sich als Erfüllerin öffentlicher Aufgaben auf die Wahrnehmung berechtigter Interessen im Sinne des § 193 StGB berufen. Ein solches Verständnis mag zwar für sich in Anspruch nehmen können, Eingang in einzelne Landespressegesetze gefunden zu haben[190]. Da aber die Landesgesetzgeber nicht berufen sind, Verfassungsnormen des Bundes authentisch zu interpretieren, sind die diesbezüglichen Feststellungen in den jeweiligen Vorschriften der Landespressegesetze unter dem Aspekt des Art. 5 Abs. 1 S. 2 GG betrachtet, ohne rechtliche Bedeutung[191]. Mit Recht sind deshalb zahlreiche Stimmen laut geworden, die dem Anspruch der Presse — unter Berufung auf die Erfüllung öffentlicher Aufgaben berechtigte Interessen wahrzunehmen — entgegentreten[192]. Unter den vorgebrachten Argumenten be-

---

[185] BGH NJW 1963, 665, 667.
[186] Vgl. *Martens*, S. 127.
[187] *Martens*, S. 127.
[188] *Schneider* geht auf den Gesetzesvorbehalt des Art. 5 Abs. 2 GG nämlich nicht mehr ein. Unzutreffend deshalb *Mallmann*, JZ 1964, 143, der dies für eine Lücke in *Schneiders* Abhandlung hält; in Wirklichkeit ist diese „Lücke" die Konsequenz aus dem Versuch, die Pressefreiheit mittels immanenter Gewährleistungsschranken zu begrenzen. Vgl. auch *Scholler*, S. 343.
[189] *Scheuner*, VVDStRL 22, S. 75 spricht in diesem Zusammenhang von einer „Verstärkung der institutionellen Gewährleistung".
[190] Vgl. dazu *Martens*, S. 125, FN 276.
[191] *Martens*, S. 128.
[192] Vgl. *Maunz / Dürig / Herzog*, Art. 5 GG, Rdnr. 122 m. w. Nachw.

gegnet man auch hier wieder dem Hinweis auf die juristische Herkunft dieser Auffassung[193]. Zwar trifft es zu, daß § 1 Schriftleitergesetz erstmals die (vom OLG Frankfurt in dem bekannten „Stürmer"-Urteil[194] genutzte) Möglichkeit eröffnete, von der bis dahin gefestigten Rechtsprechung, die der Presse den Schutz aus § 193 StGB versagt hatte[195], abzuweichen und ihr diesen Schutz auch dann angedeihen zu lassen, wenn sie fremde Angelegenheiten wahrnimmt[196]. Es erscheint jedoch Ausdruck eines übertriebenen Bemühens um juristische „Vergangenheitsbewältigung" zu sein, wenn unter Hinweis darauf die Forderung erhoben wird, man solle „auf die mit neuem Inhalt gefüllte alte Hülle verzichten"[197]. Das entscheidende Argument, das gegen die Versuche spricht, § 193 StGB zugunsten der Presse ins Feld zu führen, hat der Bundesgerichtshof[198] herausgestellt. Berechtigte Interessen könne nicht „die Presse" schlechthin, „sondern nur eine durch ein bestimmtes Presseorgan zur Öffentlichkeit sprechende *Person*" wahrnehmen[199]. Diese Befugnis ergebe sich aus dem jedermann zustehenden Recht, „an der politischen Willensbildung tätigen Anteil zu nehmen"[200]. Es sei deshalb ohne Belang, ob die betreffende Person sich in Ausübung ihrer Berufstätigkeit als Journalist in einem Presseorgan äußere oder nicht[201]; denn „die Tatsache der gedruckten Verbreitung" könne nicht „ein Mehr an Rechten vermitteln", als dem einzelnen durch das Grundrecht der Meinungsfreiheit zugewiesen werde[202].

Hieraus ergibt sich, daß die Wahrnehmung berechtigter Interessen nach § 193 StGB überhaupt keine Frage des Presserechts darstellt, sondern vielmehr die Problematik um die „Tragweite" des für jedermann geltenden Grundrechts der Meinungsfreiheit betrifft[203]. Die Formel von der öffentlichen Aufgabe der Presse erweist sich demnach insoweit als überflüssig[204]. Es sollte auf sie jedoch nicht nur aus diesem Grunde, sondern — soweit juristisch argumentiert wird — *generell* verzichtet werden; denn das Verständnis der öffentlichen Aufgabe als

---

[193] *Martens*, S. 130.
[194] JW 1937, 1261 ff.
[195] Vgl. RGSt 5, 239 (240); 23, 285 (286); 24, 223 f.; 40, 101 (102); 41, 277 (285); 56, 380 (383); 65, 359 (360).
[196] Dieser Schutz war der Presse mit der Begründung versagt worden, daß § 193 StGB nur die Verfolgung eigener oder den Täter nahe angehender Interessen erfasse.
[197] So *Martens*, S. 129.
[198] BGHSt 18, 182 ff.
[199] BGH (FN 198), 187.
[200] BGH (FN 198).
[201] BGH (FN 198) unter Berufung auf BVerfGE 10, 118 (121).
[202] BGH (FN 198).
[203] *Martens*, S. 129.
[204] *Martens* (FN 203).

IV. Die Bildaufnahme als Verletzung des Rechts am Bild

eines Rechtsbegriffs und Legitimationsgrundes für die Inanspruchnahme besonderer Privilegien und rechtsverbindlicher Wertschätzungen der Presse ist mit Art. 5 Abs. 1 S. 2 GG nicht vereinbar. Das folgt aus dem Begriff der „Aufgabe", der, im Rahmen des Art. 5 Abs. 1 S. 2 angewandt, auf die Anerkennung eines juristisch verbindlichen Verfassungsauftrages hinausliefe. Wie immer ein solcher Verfassungsauftrag auch ausgestaltet wäre, er könnte angesichts der in Art. 5 Abs. 1 S. 2 GG verbürgten Freiheit der Presse keinen Bestand haben[205]. Wenn überhaupt, dann sollte von öffentlicher Aufgabe der Presse nur insoweit gesprochen werden, als damit die soziologische oder staatstheoretische Bedeutung der Presse hervorgehoben wird[206]; als Rechtbegriff verstanden bedeutet dieser Terminus nichts anderes als eine „juristisch irrelevante Meinungsäußerung des Gesetzgebers"[207].

Als Fazit bleibt nach alledem festzustellen, daß das Informationsinteresse, welches die Presse mit der Bildberichterstattung aus dem Gerichtssaal verfolgt, weder von vornherein als unbeachtlich noch — etwa unter dem Gesichtspunkt des § 193 StGB — gegenüber dem konkurrierenden Interesse des Angeklagten als vorrangig qualifiziert werden kann. Die Bildberichterstattung aus dem Gerichtssaal genießt vielmehr, wie jede andere Presseäußerung auch, grundsätzlich den Schutz des Art. 5 Abs. 1 S. 2 GG. Eine andere Frage ist es freilich, ob dieses auf Art. 5 Abs. 2 S. 2 GG gestützte Informationsinteresse der Bildpresse gegenüber dem Anonymitätsinteresse des Angeklagten rechtlich Bestand hat. Hierauf wird im folgenden einzugehen sein.

d) Das Anonymitätsinteresse des Angeklagten

aa) Vorbemerkung

Hat sich jemand wegen des Vorwurfs strafbarer Handlungen vor Gericht zu verantworten, so ist er einer Reihe von Einschränkungen unterworfen, die seine Persönlichkeitssphäre bisweilen empfindlich beeinträchtigen[208]. So kann der Angeklagte beispielsweise nicht verhindern, daß zum Zwecke der Wahrheitsermittlung (§ 244 Abs. 2 StPO) Tatsachen zur Sprache kommen, die seine finanzielle Situation ebenso betreffen können wie familiäre Angelegenheiten oder sexuelle Beziehungen. Er muß es außerdem hinnehmen, daß derartige, die Privat- und Intimsphäre[209] betreffende Erörterungen in der Regel öffentlich

---

[205] *Martens*, S. 67; *Gross*, NJW 1963, 894.
[206] *Scheuner*, VVDStRL 22, 74 f.
[207] *Martens*, S. 129. Vgl. auch *Forsthoff*, DÖV 1963, 633; *Schnur*, VVDStRL 22, 114 ff.; *Rehbinder*, Öffentliche Aufgabe, S. 27, 127 ff.; ders., NJW 1963, 1387.
[208] *Schorn*, Menschenwürde, S. 24.
[209] Zu diesen Begriffen vgl. oben 1. b).

verhandelt werden und damit einem mehr oder weniger breiten Publikum zur Kenntnis gelangen[210].

Sämtliche solche, das Persönlichkeitsrecht des Angeklagten berührende Einschränkungen haben ihre Rechtsgrundlage in den für das Strafverfahren geltenden Normen (StPO, GVG, JGG). Das bedeutet umgekehrt, daß der Angeklagte Eingriffe in seine Persönlichkeitssphäre nur insoweit zu dulden braucht, als er nach Maßgabe jener Normen dazu verpflichtet ist.

Als Konsequenz hieraus könnte man sich in bezug auf das Recht des Angeklagten am Bild auf den Standpunkt stellen, der Angeklagte habe entsprechend § 23 Abs. 2 KUG dann ein berechtigtes Interesse, nicht abgebildet zu werden, wenn die fotografische Aufnahme durch Bildreporter weitergehende Beeinträchtigungen mit sich bringt als er nach Strafprozeßrecht hinzunehmen verpflichtet ist. Das Recht der Bildpresse aus Art. 5 Abs. 1 S. 2 GG fände m. a. W. seine Grenze dort, wo strafprozessuale Normen und Grundsätze ihm entgegenstehen.

Dieser Betrachtungsweise könnte — abgesehen von der Frage nach ihrer Vereinbarkeit mit Art. 5 Abs. 1 S. 2 GG — allerdings entgegengehalten werden, sie lasse die Tatsache unberücksichtigt, daß das Strafverfahrensrecht die Beziehungen des Angeklagten nur im Verhältnis der Justiz, also zum Staat, nicht aber gegenüber Dritten — hier also gegenüber der Bildpresse — regle, und deren Tätigkeit gegenüber strafprozeßrechtlichen Erwägungen und Bedenken immun sei. Dieser Einwand ist, wie die folgenden Überlegungen zeigen werden, unschlüssig.

Eröffnet der Staat gegen einen Bürger ein Strafverfahren, so ist er verpflichtet, Eingriffe in die Rechtssphäre des Betroffenen, der ja bis zur rechtskräftigen Verurteilung als unschuldig zu behandeln ist, „in den Grenzen des unumgänglich Notwendigen zu halten"[211]. Das bedeutet konkret, daß Maßnahmen, welche die Rechtssphäre des Betroffenen berühren, nur insoweit getroffen werden dürfen, als sie der Zweck des Strafverfahrens, nämlich den „staatlichen Strafanspruch festzustellen und durchzusetzen"[212], erfordert. Dieser Grundsatz gilt in besonderem Maße im Rahmen der Durchführung der Hauptverhandlung. Er ist Ausfluß der für jegliche Art hoheitlicher Betätigung und damit auch für das Strafverfahren verbindlichen Fürsorgepflicht des Staates[213]. Sie findet ihren Ausdruck in zahlreichen Einzelvorschriften der Strafprozeß-

---

[210] Zur Problematik des Schutzes der Privat- und Intimsphäre im Strafprozeß vgl. *Krauß*, Festschrift für Gallas, S. 365 ff., insbes. S. 385 ff.; ferner *Herbst*, NJW 1969, 546 ff. (bezüglich der Erstattung ärztlicher Gutachten).

[211] *Müller / Sax*, KMR-Kommentar, S. 82.

[212] *Baumann*, Grundbegriffe, S. 13.

[213] Vgl. *Müller / Sax* (FN 211).

IV. Die Bildaufnahme als Verletzung des Rechts am Bild

ordnung[214], in denen sie sich jedoch keineswegs erschöpft; „als leitende Verpflichtung"[215] bezieht sie sich vielmehr auf das „Verfahren als Ganzes"[216]. Hierzu zählen aber nicht nur die eigentlichen, den Gang der Verhandlung bestimmenden Prozeßhandlungen. Zum Verfahren als Ganzem gehören darüber hinaus auch alle Begleitumstände, die sich an seinem Rande abspielen und die Rechtssphäre von Prozeßbeteiligten, insbesondere die des Angeklagten unmittelbar berühren. Dies gilt vor allem im Hinblick auf Einflüsse, die von seiten der an der Hauptverhandlung teilnehmenden Öffentlichkeit ausgehen und die Rechte des Angeklagten tangieren. Der prozessualen Fürsorgepflicht des Staates kommt deshalb gerade in diesem Bereich erhöhte Bedeutung zu[217].

Erinnert sei in diesem Zusammenhang an die Gründe, die den Gesetzgeber (zumindest mit-)veranlaßt haben, in den Fällen der §§ 169 Abs. 2, 171 a, 172 GVG, 48 JGG die Öffentlichkeit von der Teilnahme an der Hauptverhandlung auszuschließen. Sie liegen letztlich in der aus der prozessualen Fürsorgepflicht abgeleiteten Erwägung, den Angeklagten (wie auch andere Prozeßbeteiligte) vor weitergehenden Beeinträchtigungen als denen, die zur Durchführung der Hauptverhandlung erforderlich sind, zu schützen.

Nach diesen Überlegungen stellt sich somit die Frage, ob und inwieweit die Bildberichterstattung aus dem Gerichtssaal strafprozessualen Normen und Grundsätzen zuwiderläuft.

bb) Das Argument aus § 81 b StPO

Nach § 81 b StPO dürfen Lichtbilder des Beschuldigten aufgenommen werden, soweit dies „für die Zwecke der Durchführung des Strafverfahrens oder für die Zwecke des Erkennungsdienstes notwendig ist". Die Vorschrift hat, wie sich aus ihrem Wortlaut ergibt, doppelten Charakter. In ihrer ersten Alternative ist sie strafprozessualer Natur, in der zweiten enthält sie materielles Polizeirecht[218]. Da es vorliegend um Fragen des Strafprozesses geht, ist § 81 b StPO im folgenden nur in der ersten Alternative von Bedeutung.

Hieran anknüpfend argumentiert *Ab. Schmidt*: Die fotografische Aufnahme des Beschuldigten stelle eine prozessuale Zwangsmaßnahme[219]

---
[214] Vgl. die Aufzählung bei *Müller / Sax* (FN 211).
[215] *Müller / Sax* (FN 211).
[216] *Müller / Sax*, S. 81.
[217] Vgl. *Eb. Schmidt*, Lehrkommentar I, Rdnr. 420.
[218] Auf die Konsequenzen, die sich daraus in der Praxis ergeben, ist hier nicht näher einzugehen. Sie liegen vor allem in der Frage des Rechtsweges (vgl. dazu BVerwG NJW 1961, 571; BVerwG NJW 1963, 1819; dagegen früher BVerwG NJW 1956, 234).
[219] *Eb. Schmidt*, Publizistik, S. 15.

dar, die nur unter den in § 81 b StPO genannten Voraussetzungen zulässig sei und nur von den dazu berufenen Personen[220] vorgenommen werden dürfe. Daraus erwachse nicht nur den Strafverfolgungsbehörden (Organen der Rechtspflege) eine Beschränkung ihrer Eingriffsbefugnisse in die Rechtssphäre des Beschuldigten; § 81 b StPO enthalte darüber hinaus auch eine eindeutige Absage an die Bildpresse, soweit diese mit dem Anspruch im Gerichtssaal auftrete, den Angeklagten zu fotografieren[221].

Diese Auffassung bedarf in methodischer Hinsicht der Überprüfung; denn um aus § 81 b StPO im Wege des Gegenschlusses rechtliche Aussagen zugunsten des *Angeklagten* herleiten zu können, müßte die Vorschrift auch im Rahmen des Hauptverfahrens anwendbar sein, d. h. aus § 81 b StPO müßte sich die prinzipielle Berechtigung der Rechtspflegeorgane ergeben, zum Zwecke der Durchführung des Strafverfahrens Bilder auch vom Angeklagten aufzunehmen. Dagegen spricht § 81 b StPO jedoch sowohl dem Wortlaut nach — die Vorschrift handelt vom *Beschuldigten* — als auch nach der Systematik; denn der Begriff „Beschuldigter" verweist in den Bereich des Vorverfahrens. Daran ändert auch die Tatsache nichts, daß § 157 StPO vom Angeklagten als demjenigen *Beschuldigten* spricht, „gegen den die Eröffnung des Hauptverfahrens beschlossen worden ist". Die Vorschrift enthält insoweit eine Legaldefinition des Begriffes „Angeklagter". Der Hinweis auf den Beschuldigten (bzw. Angeschuldigten) bringt lediglich zum Ausdruck, daß dem prozessualen Status des Angeklagten der des Beschuldigten (bzw. Angeschuldigten) logisch vorausgeht[222].

Da Wortlaut und Systematik aber nicht die einzigen Anhaltspunkte bilden, um ein Gesetz authentisch zu interpretieren, ist zu prüfen, ob andere Kriterien eine Auslegung in dem soeben beschriebenen Sinne rechtfertigen. In Betracht kommen einmal der Zweck des § 81 b StPO und zum anderen die (historischen) Erwägungen, die zur Entstehung der Vorschrift geführt haben[223].

---

[220] *Eb. Schmidt*, Publicity, S. 346.

[221] *Eb. Schmidt*, Publizistik, S. 15 ff.; ders., Publicity, S. 345 f.; ders., Lehrkommentar I, Rdnr. 420; ders., DRiZ 1963, 380; vgl. auch *Wenzel*, S. 96; *Erdsiek*, NJW 1960, 1049. Skeptisch dagegen *H. J. Schneider*, JuS 1963, 348.

[222] Auch der Rekurs auf § 171 a GVG, der im Zusammenhang mit der Hauptverhandlung vom „Beschuldigten" spricht, trägt nicht; denn — abgesehen von der systematischen Stellung im GVG — ist der Begriff hier als (strafprozessual untechnische) Sammelbezeichnung zu verstehen, die — beispielsweise im Rahmen des Ordnungswidrigkeitenverfahrens — auch den „Betroffenen" i. S. d. OWiG erfaßt.

[223] Zur Frage der Gesetzesauslegung vgl. allgemein *Larenz*, Methodenlehre, S. 298 ff.

IV. Die Bildaufnahme als Verletzung des Rechts am Bild

Die Einführung des im ursprünglichen Gesetzestext nicht enthaltenen § 81 b StPO[224] war von dem Gedanken getragen, eine gesetzliche Grundlage für die zwangsweise Aufnahme von Lichtbildern zu schaffen, um — so die amtliche Begründung — „jeden Zweifel an ihrer Zulässigkeit zu beseitigen"[225]. Daß die Vorschrift einen Beschuldigten voraussetzt, erklärt sich aus der Sorge, nicht jeden beliebigen Bürger der Gefahr auszusetzen, aus präventivpolizeilichen Überlegungen fotografisch festgehalten und karteimäßig erfaßt zu werden[226]. Außerdem soll § 81 b StPO klarstellen, daß Bildaufnahmen nur zum Zwecke der Durchführung eines gegenwärtig anhängigen Strafverfahrens zulässig sind[227], dagegen nicht auf Verdachtsmomente gegründet werden können, die in anderem Zusammenhang stehen und noch nicht zur Eröffnung eines (weiteren) Verfahrens geführt haben.

Der Begriff des Beschuldigten erfüllt mithin eine rechtsstaatlich gebotene Schutzfunktion; er soll gewährleisten, daß die Auswahl der möglichen Betroffenen an das Vorliegen eines sachlichen Kriteriums — (Eröffnung des Ermittlungsverfahrens — §§ 160 f. StPO) — gebunden und damit bestimmbar gemacht wird. „Beschuldigter" im Sinne des § 81 b StPO ist daher nicht in der technisch strengen, den Geltungsbereich der Vorschrift auf das Vorverfahren beschränkenden Bedeutung zu verstehen; der Begriff stellt vielmehr nur klar, daß gegen den von einer Lichtbildaufnahme Betroffenen ein Strafverfahren eingeleitet worden sein muß, das weder beendet noch eingestellt worden ist[228]. In welchem Stadium es sich befindet, ist dagegen unerheblich.

Daraus erhellt, daß § 81 b StPO entgegen seinem Wortlaut auch auf den Angeklagten anwendbar ist, der, so läßt sich im Umkehrschluß aus § 81 b StPO folgern, Bildaufnahmen nur unter den dort genannten Voraussetzungen hinzunehmen verpflichtet ist[229].

---

[224] § 81 b StPO wurde eingeführt durch Art. 2 Nr. 4 des Gewohnheitsverbrechergesetzes vom 24. 11. 1933 (RGBl. I, N 1000 ff.). In ihrer jetzigen Fassung geht die Vorschrift zurück auf das Vereinheitlichungsgesetz vom 12. 9. 1950 (BGBl. I, 455).

[225] Nach *Sarstedt*, in: *Löwe / Rosenberg* (1971), Anm. 1 zu § 81 b StPO.

[226] *Meyer*, in: *Löwe / Rosenberg* (1976), Rdnr. 6 zu § 81 b StPO.

[227] Vgl. *Meyer*, Rdnr. 2: „Zur Durchführung *des* Strafverfahrens" (Hervorhebung vom Verfasser).

[228] *Müller / Sax*, KMR-Kommentar, S. 330 f.

[229] § 81 b StPO findet in § 24 KUG eine für die Praxis wichtige „Ergänzung" (*Eb. Schmidt*, Publicity, S. 346). Die Vorschrift erlaubt den „Behörden", „für Zwecke der Rechtspflege und der öffentlichen Sicherheit", Bildnisse ohne Erlaubnis des Abgebildeten zu vervielfältigen, zu verbreiten und öffentlich zur Schau zu stellen. Entgegen *Eb. Schmidt* läßt sich § 24 KUG jedoch nicht als (zusätzliches) Argument für die hier interessierende Problematik heranziehen, da die Frage der Bildnisaufnahme insoweit durch § 81 b StPO spezialgesetzlich geregelt ist.

cc) *Bildberichterstattung und prozessuale Unschuldsvermutung*

Die Europäische Konvention zum Schutze der Menschenrechte und Grundfreiheiten vom 4. 11. 1950, die durch Gesetz vom 7. 8. 1952 eingeführt worden[230] und seit dem 3. 9. 1953 als Bundesrecht in Kraft ist[231], bestimmt in Art. 6 Abs. 2, daß jeder, der wegen einer Straftat angeklagt ist, bis zum gesetzlichen Nachweis seiner Schuld als unschuldig gilt. Diese Unschuldsvermutung[232] hat *Sax* mit Recht als die selbstverständliche Folge eines der Menschenwürde verpflichteten Strafrechts, das seine Sanktionen nur gegen den vorher für schuldig Befundenen richtet, bezeichnet und als das „oberste Verfahrensregulativ" charakterisiert[233]. Es bedarf daher keiner weiteren Begründung, daß dieser Grundsatz zu den tragenden Prinzipien des Strafprozeßrechts zählt[234]. Trotz der uneingeschränkten Anerkennung kann jedoch nicht über die Tatsache hinweggesehen werden, daß es wohl kaum einen den Angeklagten schützenden Rechtsgrundsatz gibt, der so oft Verstößen ausgesetzt ist wie die Unschuldsvermutung. Je stärker sich im Verlauf einer Hauptverhandlung der *Verdacht* gegen einen Angeklagten verdichtet, desto größer wird die Gefahr, daß die Grenze zwischen Beschuldigung und Schuld verfließt[235] und der Angeklagte als ein bereits Überführter und Schuldiger betrachtet wird. Dies gilt freilich weniger im Verhältnis zu den Organen der Rechtspflege, als vielmehr gegenüber Dritten, die sich außerhalb des Verfahrens mit der Person des Angeklagten befassen. *Dahs*[236] bemerkt in diesem Zusammenhang mit Recht, daß der Angeklagte in den Augen der Öffentlichkeit häufig schon ein Gerichteter sei[237].

Vor dem Hintergrund dieses weitverbreiteten Mißverständnisses entfaltet das Pressebild des Angeklagten in der Tat jene oben beschriebene Prangerwirkung[238]; d. h. es vermittelt dem Betrachter den Eindruck, im abgebildeten Angeklagten den bereits überführten und schuldig gesprochenen Straftäter vor sich zu sehen[239].

---

[230] Vgl. BGBl. II, 685 i. V. m. der Bekanntmachung über das Inkrafttreten der MRK vom 15. 12. 1953 (BGBl. II, 1879).

[231] Zur Rechtsnatur der MRK vgl.: *Geck*, DVBl 1956, 524; *Herzog*, DÖV 1959, 44; *v. Münch*, JZ 1961, 153 (MRK als einfaches Bundesrecht). Demgegenüber *Echthölter*, JZ 1955, 689; *Schorn*, DRiZ 1963, 339; *Guradze*, NJW 1960, 1243; *v. Stackelberg*, NJW 1960, 1265 (MRK als Verfassungsrecht).

[232] Wortprägung von *Sax*, Grundrechte III, 2, S. 971.

[233] S. 987.

[234] Vgl. auch *Schorn*, Menschenwürde, S. 23 ff.

[235] Vgl. *Sax* (FN 232).

[236] AnwBl. 1959, 180.

[237] Inwieweit die Presse hierzu beiträgt vgl. *Kohlhaas*, DRiZ 1963, 330; *ders.*, NJW 1963, 477 f.

[238] Vgl. ausführlich dazu oben § 3. III.

[239] Siehe auch oben § 3. III.

dd) Bildberichterstattung und Resozialisierung/Sozialisation

α) Bildberichterstattung und Vollzugsziel der Resozialisierung

Eine der Leitlinien der Strafrechtsreform bestand darin, das Sanktionensystem „als taugliches Instrument der Kriminalpolitik mit dem Ziel einer Verhütung künftiger Straftaten, vor allem durch *Resozialisierung*[240] des Straftäters"[241] auszugestalten. Während letztere für den Bereich des Strafvollzuges als (vorrangiges) Vollzugsziel anerkannt ist (§ 2 StVollzG), bereitet die Beurteilung ihrer materiellrechtlichen Bedeutung Schwierigkeiten. Die Ursache dafür liegt in der Zielsetzung der Strafe, die sowohl schuldausgleichend (vergeltend) wirken, als auch general- und spezialpräventive Aufgaben erfüllen soll. Ungeachtet dieser unter dem Stichwort „Antinomie der Strafzwecke" diskutierten Streitfrage[242] — und ohne dazu Stellung zu nehmen — läßt der Gesetzgeber jedoch keinen Zweifel, daß er dem Gesichtspunkt der Resozialisierung als Sonderfall der Individualprävention die Funktion eines eigenständigen Strafzwecks zuerkennt. Einen ausdrücklichen positivrechtlichen Hinweis darauf gibt er in § 46 Abs. 1 StGB, wonach der Richter gehalten ist, Art und Höhe der Strafe unter Berücksichtigung individualpräventiver Gesichtspunkte (Resozialisierung) zu bemessen[243]. Dabei geht es — wie der Bundesgerichtshof in der grundlegenden Entscheidung vom 8.12.1973 ausführt, „nicht allein um die gezielte Einwirkung auf den entsozialisierten Täter"[244]; die individualisierende Strafzumessung soll vor allem auch verhindern, daß die Strafe unbeabsichtigte Nebenwirkungen mit sich bringt, welche die Gefahr begründen, den sozial bereits angepaßten Täter aus der sozialen Ordnung herauszureißen[245].

Vor diesem kriminalpolitischen Hintergrund hat das Bundesverfassungsgericht in seinem unter dem Namen „Soldatenmord von Lebach" bekannt gewordenen Urteil vom 5.6.1973[246] festgestellt, daß die Ausstrahlung eines Fernsehdokumentarspiels, in welchem der Beschwerdeführer — ein zu mehrjähriger Freiheitsstrafe verurteilter Strafgefangener — „eingangs im Bilde vorgeführt"[247] wird, sich mit dem Bemühen um dessen Wiedereingliederung in die Gesellschaft (Resozialisierung)

---

[240] Hervorhebung vom Verfasser.
[241] Vgl. BT-Durcks. V/4094, 3.
[242] Vgl. *Müller-Dietz*, Strafzwecke, insbes. S. 21 ff., 41 ff.; *Arth. Kaufmann*, Strafrecht, S. 37; *Hassemer*, S. 53 ff.
[243] Die Verhängung kurzfristiger resozialisierungsfeindlicher Freiheitsstrafen hat nach §§ 47 Abs. 1, 56 Abs. 3 StGB Ausnahmecharakter.
[244] BGHSt 24, 40 (42).
[245] BGH, S. 42 f.; *Bruns*, Strafzumessungsrecht, S. 321 f.
[246] BVerfGE 35, 202 ff.
[247] BVerfG, S. 207.

nicht vereinbaren läßt. Die „bildhafte Konfrontation mit der Tat" werfe den Gefangenen „gewissermaßen auf den Stand der Tat zurück" und vermittle ihm dadurch die „entmutigende Überzeugung", von seiner Umwelt noch immer als der Täter von damals betrachtet zu werden[248].

Die Entscheidung des Bundesverfassungsgerichts ist für die Frage der Bildberichterstattung insofern bemerkenswert, als sie mit unmißverständlicher Deutlichkeit hervorhebt, daß dem Resozialisierungsgedanken gerade von seiten der Massenmedien (Fernsehen) erhebliche Gefahren drohen können[249]. Denn Resozialisierung ist — so die Argumentation des Bundesverfassungsgerichts — nicht allein Sache des Staates, sondern bedarf der Mitwirkung der Gesellschaft. Sie wird aber in Frage gestellt, wenn die publizistische Aufbereitung eines konkreten Kriminalfalles dazu führt, daß die in der Gesellschaft noch immer vorhandene „allgemeine Abwehrhaltung"[250] gegenüber dem Straffälligen gefestigt oder sogar verstärkt wird.

Ob allerdings die Feststellungen des Bundesverfassungsgerichts für die Beurteilung der illustrierten Gerichtsberichterstattung herangezogen werden können, erscheint angesichts der unterschiedlichen Voraussetzungen — dort geht es um den Strafgefangenen, hier um den Angeklagten — zweifelhaft. Es stellt sich vielmehr zunächst die Frage, ob der auf den verurteilten, also schuldig gesprochenen Straftäter zugeschnittene Gesichtspunkt der (Re-)Sozialisierung im Zusammenhang mit dem als unschuldig geltenden *Angeklagten* überhaupt berücksichtigt werden kann.

Wie bereits an anderer Stelle[251] ausgeführt worden ist, stößt der Versuch, Strafzweckerwägungen in die Diskussion über Fragen des Verfahrensrechts einzubeziehen, gerade im Hinblick auf die Unschuldsvermutung des Angeklagten auf unüberwindbare Bedenken. Wenn — so wurde ausgeführt — Strafe Schuld voraussetzt, dann ist für Strafzweck-

---

[248] BVerfG, S. 237.
[249] Daß die vom BVerfG entwickelten Maßstäbe nicht nur das Fernsehen betreffen, sondern auch auf andere Publikationsmedien übertragbar sind (anders *Kübler*, Medienverantwortung, S. 14), bringt der Senat — mittelbar — selbst zum Ausdruck, indem er seiner Pressemitteilung den Hinweis anfügt, die Presse möge bei ihren Stellungnahmen zu dem Urteil auf das Resozialisierungsinteresse des Beschwerdeführers Bedacht nehmen (abgedruckt in *Kübler* (Hrsg.), Medienverantwortung, Anhang, S. 198; vgl. in diesem Sinne auch *Kohl*, ebd., S. 75). Der SPIEGEL hat hieraus die Konsequenzen gezogen und seinen Lesern mitgeteilt: „In Beachtung des Urteils hat der SPIEGEL davon abgesehen, in diesem Bericht Namen und Wohnort des Lebach-Verurteilten zu nennen und ein Photo abzudrucken" (Nr. 24, 1973, S. 49).
(Freilich ist das Nachrichtenmagazin in der Folgezeit mehrfach von dieser Selbstbeschränkung wieder abgerückt).
[250] BVerfG (FN 248).
[251] Vgl. oben § 2. IV.

IV. Die Bildaufnahme als Verletzung des Rechts am Bild

erwägungen solange kein Raum, bis der Betroffene als Täter überführt und seine Schuld positiv festgestellt worden ist[252].

Ausgehend von der Prämisse, daß die Unschuldsvermutung als Schutzprinzip[253] fungiert, welches den Angeklagten vor Eingriffen in seine Rechtssphäre bewahren will, könnte man bezüglich des „Hineinwirkens" von Resozialisierungsgesichtspunkten in den Bereich des Strafverfahrens freilich zu einem anderen Ergebnis gelangen. Denn im Unterschied zur Generalprävention wird der Angeklagte hierbei nicht als Mittel zur Allgemeinabschreckung benutzt und damit einer Maßnahme unterworfen, die er allenfalls als Folge eines gegen ihn verhängten Schuldspruches hinzunehmen verpflichtet wäre. Vielmehr geht es darum, den Angeklagten vor Einflüssen zu *schützen*, die geeignet sind, ihn aus der sozialen Ordnung herauszureißen, bzw. seine (spätere) Wiedereingliederung in die Gesellschaft zu erschweren oder zu gefährden. Aus der Sicht eines vom Resozialisierungsgedanken zumindest mitbestimmten Strafrechts erscheint es daher geradezu zwingend geboten, schon im Stadium der Hauptverhandlung darauf hinzuwirken, daß alle Einflüsse, die dem Resozialisierungszweck einer etwa zu verhängenden Strafe zuwiderlaufen könnten, vom Angeklagten ferngehalten werden.

Dies ist der Tenor in der Argumentation derer, die den Resozialisierungsgedanken heranziehen, um vor den Gefahren jeglicher publizistischer Auswertungen von öffentlichen Hauptverhandlungen zu warnen[254]. Ihnen ist jedoch entgegenzuhalten, daß sie von einem inhaltlich sachwidrig verkürzten Resozialisierungsbegriff ausgehen.

Es gehört zu den unbestrittenen Erkenntnissen der Strafvollzugswissenschaft, daß unter dem Gesichtspunkt der Resozialisierung nicht nur für den Straftäter günstige Maßnahmen getroffen werden können, sondern auch solche, die ihn in seinen Rechten — bisweilen empfindlich — beschränken[255]. Resozialisierung umfaßt m. a. W. eine „Gemengelage"[256] eingreifender und leistender Maßnahmen. Ein Rechtsinstitut aber, das Rechte *und* Pflichten vorsieht, kann, da es in seiner *Allgemeinheit* verbindlich ist, nur dort gelten, wo es *prinzipiell* auch hinsichtlich seiner Pflichtsetzungen gilt. Kann es diesbezüglich hingegen keine Wirkung entfalten, weil andere Rechtsprinzipien ihm entgegenstehen, so schließt dies seine Anwendbarkeit *generell*, d. h. auch bezüglich der aus ihm abgeleiteten *Rechte* logisch aus. Daraus folgt, daß das Rechtsinstitut

---

[252] Vgl. oben § 2. IV.
[253] *Zipf*, S. 97.
[254] Vgl. etwa *Schäfer*, Einführung, Rdnr. 110; *Wassermann*, ZRP 1969, 169 ff.; speziell zur Bildberichterstattung *Rohde*, S. 192 ff.
[255] Vgl. den vom BVerfG NJW 1976, 34 ff. entschiedenen Fall; dazu *Müller-Dietz*, JuS 1976, 90; vgl. ferner *ders.*, JZ 1974, 353.
[256] *Schüler-Springorum*, S. 76 f., 259 ff.

der Resozialisierung ungeachtet der aus ihm ableitbaren Rechtsansprüche im Rahmen der Hauptverhandlung keine Anwendung finden kann, da es — „als Ganzes" betrachtet — mit dem Grundsatz der Unschuldsvermutung nicht in Einklang steht.

β) Bildberichterstattung und Sozialisation

Das vorstehende Ergebnis mag insofern befremden, als es den Schluß nahelegt, der nichtschuldige Angeklagte befinde sich, was seinen Rechtsschutz gegenüber den Massenmedien anbelangt, in einer schlechteren Position als der schuldig gesprochene Straftäter; denn die Argumente, die das Bundesverfassungsgericht gegen die (Fernseh-)Berichterstattung über den Straftäter vorgebracht habe, müßten ebenso (oder erst recht) hinsichtlich der Bildberichterstattung über den Angeklagten gelten. Dieser Einwand wäre berechtigt, wenn die Argumentation des Bundesverfassungsgerichts sich über den seiner Entscheidung zugrunde liegenden Sachverhalt hinaus verallgemeinern ließe. Voraussetzung wäre allerdings, daß der auf den Straftäter zugeschnittene Resozialisierungsgedanke auf ein „übergeordnetes Prinzip" zurückgeführt werden könnte, das „Resozialisierung" — soweit daraus Rechtsansprüche abgeleitet werden — nur als Teilaspekt eines allgemeinen, auch für den Regelungsbereich der Hauptverhandlung verbindlichen Rechtsgedankens umfaßt. Der dogmatische Ansatz hierfür findet sich in der Tat in jener oben erwähnten Entscheidung zum „Fall Lebach"[257].

In der hierfür einschlägigen Passage führt der Senat aus, der Anspruch auf Resozialisierung folge aus „dem Selbstverständnis einer Gemeinschaft, die die Menschenwürde in den Mittelpunkt ihrer Wertordnung stellt und dem Sozialstaatsprinzip verpflichtet ist"[258]. Der Resozialisierungsanspruch gründet seiner verfassungsrechtlichen Herkunft nach somit auf zwei Prinzipien: Individualrechtlich, d. i. „vom Täter aus gesehen", ergibt er sich aus dem Grundrecht der Art. 2 Abs. 1/ Art. 1 GG; kollektivrechtlich, d. i. „von der Gemeinschaft aus betrachtet", beruht er auf der aus dem Sozialstaatsprinzip abgeleiteten Pflicht des Staates zur „Vor- und Fürsorge für Gruppen der Gesellschaft, die ... in ihrer persönlichen und sozialen Entfaltung behindert sind"[259]. Zu diesen Gruppen zählt das Bundesverfassungsgericht die Gefangenen und die Entlassenen.

Menschenwürde, freie Entfaltung der Persönlichkeit und Sozialstaatsprinzip erschöpfen sich kraft ihrer allgemeinverbindlichen Rechtscharakters als zentraler Wertkategorie des Verfassungsrechts[260] bzw.

---

[257] Vgl. BVerfGE 35, 202 ff.
[258] BVerfG, S. 235.
[259] BVerfG, S. 236.
[260] Vgl. BVerfG, S. 225.

IV. Die Bildaufnahme als Verletzung des Rechts am Bild

als Staatszielbestimmung[261], jedoch nicht im Schutz jenes Personenkreises. Die Gruppe der Gefangenen und Entlassenen ist vielmehr unter dem Aspekt der beiden Rechtsgrundsätze betrachtet, als Sonderfall aus der Kategorie derer anzusehen, denen die gesellschaftliche Integration ohne staatlichen Schutz versagt bleibt oder erschwert wird. Korrespondierend hierzu ist das Rechtsinstitut der Re-Sozialisierung ebenfalls nur als ein Sonderfall des für alle Grundrechtsträger geltenden Sozialisationsanspruchs aufzufassen. Während Re-Sozialisierung einen bereits Entsozialisierten voraussetzt — wovon nur im Zusammenhang mit einem rechtskräftigen Schuldspruch ausgegangen werden kann —, erwächst der allgemeine Sozialisationsanspruch in der Person eines jeden, der „an seiner persönlichen und sozialen Entfaltung behindert"[262] ist oder daran behindert zu werden droht. Hierzu gehört auch der Angeklagte, sofern er den Kameras im Gerichtssaal anwesender Fotoreporter preisgegeben wird; denn die von seinem Pressebild ausgehende Prangerwirkung birgt die Gefahr, daß er — vor allem im Falle eines Freispruchs — sich der Ablehnung durch seine Umwelt gegenübersieht. Das aber wäre eine Konsequenz, die er — entsprechend der insoweit verallgemeinerungsfähigen Feststellung des Bundesverfassungsgerichts — als Glied einer der Menschenwürde und dem Sozialstaatsprinzip verpflichteten Gemeinschaft nicht hinzunehmen verpflichtet ist. Es bleibt somit resümierend festzuhalten, daß die fotografische Aufnahme des Angeklagten durch im Gerichtssaal anwesende Fotoreporter seinen aus Art. 2 Abs. 1/Art. 1 GG sowie aus dem Sozialstaatsprinzip erwachsenden allgemeinen Sozialisationsanspruch verletzen würde.

e) Das Anonymitätsinteresse des Angeklagten „im Lichte" der Pressefreiheit des Art. 5 Abs. 1 S. 2 GG

Wie die vorausgegangenen Erörterungen gezeigt haben, gehen Bildnisaufnahmen, die zum Zwecke der Berichterstattung durch im Gerichtssaal anwesende Pressefotografen hergestellt werden, weit über das Maß dessen hinaus, was der Angeklagte aufgrund seiner durch das Verfahrensrecht vorgezeichneten prozessualen Stellung hinzunehmen verpflichtet ist. Aus persönlichkeitsrechtlicher Sicht betrachtet bedeutet dies — wie oben dargelegt wurde — einen Eingriff in die Privatsphäre des Angeklagten[263]. Daraus könnte man schließen, daß die Bildnisaufnahme ein „berechtigtes Interesse" des Angeklagten verletze und entsprechend § 23 Abs. 2 KUG unzulässig sei[264]. Dieser Schluß wäre jedoch nur dann richtig, wenn der Eingriff in die Privatsphäre des Angeklag-

---
[261] Vgl. dazu *v. Mangoldt / Klein*, VII 2 b zu Art. 20 GG.
[262] BVerfG, S. 236.
[263] § 3. IV.
[264] Im Anschluß an oben 2. e).

ten sich als so gravierend erwiese, daß die dadurch bewirkte Beeinträchtigung seiner Rechtsstellung schwerer wiegen würde als das durch Art. 5 Abs. 1 S. 2 GG geschützte Informationsinteresse der Bildpresse[265]. Es geht m. a. W. im folgenden darum zu prüfen, ob das Recht des Angeklagten auf Unantastbarkeit seiner Privatsphäre zu einer Einschränkung der Pressefreiheit zwingt, wobei — wie es im Anschluß an das „Lüth"-Urteil des Bundesverfassungsgerichts heißt — das einschränkende Gesetz, hier also § 23 Abs. 2 i. Verb. m. Art. 1 Abs. 1, 2 Abs. 1 GG, „im Lichte" der Verfassungsgarantie des Art. 5 Abs. 1 S. 2 GG auszulegen ist[266].

Was den Informationsanspruch der Presse anbelangt, so hat das Bundesverfassungsgericht in seinem Urteil zum „Fall Lebach" die These aufgestellt, daß der aktuellen Berichterstattung über Straftaten gegenüber dem damit verbundenen Eingriff in den Persönlichkeitsbereich des Betroffenen im allgemeinen der Vorrang gebühre; denn wer den Rechtsfrieden breche, müsse sich nicht nur den von der Rechtsordnung dafür vorgesehenen Strafsanktionen beugen, sondern es überdies auch hinnehmen, „daß das von ihm selbst durch seine Tat erregte Informationsinteresse der Öffentlichkeit in einer nach dem Prinzip freier Kommunikation lebenden Gemeinschaft auf den dafür üblichen Wegen befriedigt" werde[267].

Man wird einer Übertragung der vom Bundesverfassungsgericht entwickelten These auf die vorliegende Problematik allerdings mit Skepsis begegnen müssen, weil das Gericht über die Zulässigkeit der öffentlichen Darstellung eines bereits verurteilten Straftäters zu befinden hatte, wohingegen es hier um die Bildberichterstattung über den Angeklagten geht. So wäre es beispielsweise mit dem Grundsatz der Unschuldsvermutung unvereinbar, wenn man in Anlehnung an die soeben zitierte Begründung den Informationsanspruch der Bildpresse aus dem durch die Straftat erregten Interesse der Öffentlichkeit ableiten wollte, da im Zeitpunkt der Verhandlung noch nicht feststeht, ob die Straftat dem Angeklagten überhaupt angelastet werden kann. Im übrigen vermag auch der vom Bundesverfassungsgericht gezogene Schluß aus dem allgemeinen Interesse an Straftaten (und ihrer Aburteilung) auf den *prinzipiellen* Vorrang des Informationsanspruchs der Massenmedien nicht zu überzeugen. Wie bereits an früherer Stelle dargelegt worden ist, verbietet die Gleichwertigkeit der einander gegenüberstehenden Rechtsgüter — der Pressefreiheit einerseits und des Persönlichkeitsrechts andererseits — einem von beiden a priori den Vorrang einzuräumen[268].

---

[265] Ähnlich BVerfGE 35, 202 (220 f.).
[266] BVerfGE 7, 198 (208 f.); vgl. ferner oben FN 143 f.
[267] BVerfGE 35, 202 (231 f.).

IV. Die Bildaufnahme als Verletzung des Rechts am Bild

Bei der rechtlichen Würdigung des Informationsanspruchs der Bildpresse kommt es allein auf den konkreten Zweck an, den diese mit der Berichterstattung verfolgt. Hierzu ist aufgrund der früheren Ausführungen festzustellen, daß die Bildpresse, die sich als eine legitime Form der Gerichtsöffentlichkeit versteht, ebensowenig wie diese den Anspruch erheben kann, demokratisch[269] oder rechtsstaatlich[270] gebotene Aufgaben wahrzunehmen bzw. kriminalpolitische[271] Funktionen zu erfüllen; ihr Zweck besteht vielmehr darin, die Neugier sowie das Sensations- und Unterhaltungsbedürfnis der Allgemeinheit zu befriedigen[272].

Diese spezifische Zielsetzung erlaubt nicht nur Rückschlüsse auf die rechtliche Qualität des Informationsinteresses der Bildpresse, sie gibt darüber hinaus auch Aufschluß über die Intensität und damit über die juristische Bewertung des Eingriffs in die Privatsphäre des Angeklagten. Maßgebend für diese Bewertung ist die Tatsache, daß Bildnisaufnahmen des Angeklagten, die zum Zwecke der Veröffentlichung im Gerichtssaal angefertigt werden, gegen so essentielle Prinzipien wie die Unschuldsvermutung und Sozialisationsanspruch des Angeklagten verstoßen[273].

Die Rechtsordnung würde mit sich selbst in Widerspruch treten, wenn sie auf der einen Seite den Angeklagten unter den Schutz der Unschuldsvermutung stellte, bzw. seine gesellschaftliche Integration förderte, auf der anderen Seite aber zuließe, daß diese Postulate von der Bildpresse beliebig unterlaufen werden. Der naheliegende Einwand, Art. 5 Abs. 1 S. 2 GG schließe kraft seiner zentralen verfassungsrechtlichen Bedeutung einen solchen Widerspruch aus, vermag nicht zu überzeugen, da Unschuldsvermutung — als Ausdruck des Rechtsstaatsprinzips — und Sozialisationsanspruch — als Konsequenz einer der Menschenwürde und dem Sozialstaatsprinzip verpflichteten Wertordnung[274] — ebenfalls in zentralen Normen des Verfassungsrechts verankert sind[275]. Ihre Mißachtung durch die Bildpresse würde daher einer Überschreitung der Grenzen einer am Grundsatz der Verhältnismäßigkeit[276] orientierten Entfaltung der Pressefreiheit gleichkommen — eine Konsequenz, für die sich die Ausstrahlungswirkung des Art. 5 Abs. 1 S. 2 GG nicht ins Feld führen läßt.

---

[268] Vgl. oben 3. a).
[269] Vgl. oben § 2. II.
[270] Vgl. oben § 2. III.
[271] Vgl. oben § 2. IV.
[272] Vgl. oben § 2. V.; § 3.
[273] Vgl. oben 3. d) cc); 3. d) dd) β).
[274] Vgl. oben 3. d) dd) β).
[275] Vgl. BVerfGE 35, 202 (235).
[276] Dazu BVerfG, S. 232.

Als Fazit bleibt somit festzustellen, daß der Informationsanspruch der Bildpresse einen Eingriff in die Privatsphäre des Angeklagten nicht rechtfertigt; der Angeklagte hat m. a. W. ein „berechtigtes Interesse" (§ 23 Abs. 2 KUG i. Verb. m. Art. 1 Abs. 1, 2 Abs. 1 GG)[277], nicht abgebildet zu werden.

---

[277] Vgl. oben 3. a).

§ 5. Ergebnis

Den Ausgangspunkt dieser Untersuchung bildete die Frage, ob das Öffentlichkeitsprinzip des § 169 S. 1 GVG im Sinne eines Erlaubnissatzes zugunsten der Bildpresse und ihrer Tätigkeit während der Hauptverhandlung auszulegen ist oder ob es, im Gegenteil, die Bildberichterstatter von der Teilnahme am Verhandlungsgeschehen ausschließt[278]. Es zeigte sich, daß eine Antwort auf diese Frage nicht auf logisch-deduktivem Wege gewonnen werden konnte, sondern daß es vielmehr einer materiell-rechtlichen Analyse bedurfte, in deren Zentrum die Abwägung der einander widerstreitenden Interessen, das Informationsinteresse der Bildpresse auf der einen und das im Persönlichkeitsrecht am Bild verankerte Anonymitätsinteresse des Angeklagten auf der anderen Seite, stand.

Zieht man aus dem Resultat jener Abwägung nunmehr die Konsequenz für die Auslegung des § 169 S. 1 GVG, so ergibt sich, daß die Bildnisaufnahme des Angeklagten durch in der Hauptverhandlung anwesende Pressefotografen vom Öffentlichkeitsgrundsatz nicht gedeckt ist.

Gegen dieses Ergebnis könnte man freilich einwenden, daß es nur insoweit zutreffe, als Bildnisaufnahmen ohne oder gegen den Willen des Angeklagten erfolgen[279]. Erhebe dieser keine Einwände gegen das Tätigwerden von Pressefotografen oder sei ihm das publizistische Interesse an seiner Person sogar willkommen[280], so könne man — mangels Verletzung seines Persönlichkeitsrechts — der Bildpresse den Öffentlichkeitscharakter nicht absprechen. Diese Schlußfolgerung erweist sich bei näherem Zusehen als verfehlt.

Macht der Angeklagte von seinem Persönlichkeitsrecht Gebrauch, so äußert er sich in einer auf das Öffentlichkeitsprinzip bezogen rechtlich relevanten Weise, da letzteres — wie die Untersuchungen ergeben haben — durch das Recht am Bild eingeschränkt wird. Erklärt er sich dagegen bereit, fotografiert zu werden, so ist dies im Hinblick auf die

---

[278] Siehe oben § 1. I.
[279] Was allerdings der Regelfall sein dürfte.
[280] An Fällen, in denen Angeklagte die Kameras der Bildreporter geradezu suchten, um ihrem Auftritt vor Gericht zu größerer Publizität zu verhelfen, hat es in der jüngsten Prozeßgeschichte nicht gefehlt. Erinnert sei nur an die sogenannten Demonstrantenprozesse zu Beginn dieses Jahrzehnts, die von den Angeklagten bisweilen dazu benutzt wurden, den Gerichtssaal in ein Forum für politische Manifestationen „umzufunktionieren".

Verfahrensbezogenheit des § 169 Satz 1 GVG nur erheblich, wenn dadurch keine verfahrensrechtlichen bzw. justiziellen Belange tangiert werden. Hieran bestehen jedoch Zweifel.

Wäre der Zutritt der Bildpresse zum Gerichtssaal in das Belieben des Angeklagten gestellt, so bestünde die Gefahr, daß sich der Angeklagte bei seiner Entscheidung von dem Bestreben nach Publizität oder — wie der Bundesgerichtshof[281] es formuliert — nach „Herostratentum" leiten ließe. Damit aber wären erhebliche justizielle Belange berührt; denn der Angeklagte ist nicht „for show"[282] geladen, sondern er steht allein zu dem Zweck vor Gericht, damit über die gegen ihn erhobene Anklage in einer „Atmosphäre justizieller Sachlichkeit"[283] verhandelt wird.

Diese Überlegungen rechtfertigen es, der Einwilligung des Angeklagten in fotografische Aufnahmen durch die Bildpresse die Rechtsverbindlichkeit insoweit abzusprechen, als daraus Konsequenzen für den Öffentlichkeitsbegriff gezogen werden sollen. Die Bildpresse zählt daher — gleichviel ob sich der Angeklagte mit ihrer Gegenwart einverstanden erklärt oder nicht — ebensowenig zur Öffentlichkeit i. S. d. § 169 Satz 1 GVG wie die in § 169 Satz 2 GVG genannten Publikationsmedien.

Das vorliegende Ergebnis beantwortet die Frage nach der Zulässigkeit fotografischer Aufnahmen durch im Gerichtssaal anwesende Fotoreporter *unmittelbar* nur für den Regelungsbereich des § 169 Satz 1 GVG, also für den „eigentlichen Gang der Hauptverhandlung"[284]. Wie einleitend[285] schon erwähnt wurde, bieten aber gerade die vom Öffentlichkeitsprinzip nicht erfaßten Zeiträume — vor Beginn und nach Ende der Sitzung, sowie Verhandlungspausen — den Reportern ausreichend Gelegenheit zur fotografischen Betätigung. Unter Bezugnahme auf die oben[286] gemachten Ausführungen kann jedoch festgestellt werden, daß die Presse auch *insoweit* nicht befugt ist, den Angeklagten zu fotografieren. Denn als Unbeteiligter — so wurde argumentiert — darf im Gerichtssaal nur anwesend sein, wer als „Öffentlichkeit" i. S. d. § 169 Satz 1 GVG zu qualifizieren ist[287], eine Voraussetzung, welche die Bildpresse nach dem Ergebnis dieser Untersuchung nicht erfüllt[288].

---

[281] BGHSt 22, 83 (85); vgl. auch *Sprenger*, S. 60.
[282] *Bockelmann*, NJW 1960, 220.
[283] *Eb. Schmidt*, Justiz, S. 28.
[284] BGHSt 23, 123 ff.
[285] Vgl. oben Einleitung.
[286] Vgl. oben Einleitung.
[287] Das gleiche gilt im übrigen bezüglich aller Räumlichkeiten, wie Foyers, Treppenaufgänge etc. innerhalb des Gerichtsgebäudes. Die Befugnis zu deren Benutzung durch justizfremde Personen steht nur denen zu, die ein rechtlich begründetes Interesse auf Anwesenheit im Gerichtsgebäude haben. Dazu zählen neben Verfahrensbeteiligten und sonstigen Rechtsuchenden nur solche Personen, die als „Öffentlichkeit" i. S. d. § 169 Satz 1 GVG einer Verhandlung beizuwohnen beabsichtigen.

Schlußbetrachtung

Das Ergebnis dieser Arbeit enthält nicht zuletzt auch eine Kritik am Gesetzgeber, der es seinerzeit versäumt hat, die Verbotsnorm des § 169 Satz 2 GVG auf die „einfache" Bildaufnahme auszudehnen. Es läge daher nahe, die Untersuchung mit einer rechtspolitischen Forderung zu beschließen, d. h. mit einem Vorschlag de lege ferenda aufzuwarten, der dem hier gefundenen Ergebnis Rechnung trägt. Zu denken wäre dabei in erster Linie an eine entsprechende Ergänzung des § 169 Satz 2 GVG. Sie erweist sich jedoch bei näherem Zusehen als wenig effektiv.

Gemäß seiner systematischen Stellung steht § 169 Satz 2 GVG in engem Zusammenhang mit § 169 Satz 1 GVG; er bezieht sich m. a. W. auf die „Verhandlung", das bedeutet im Strafverfahren: auf die „Hauptverhandlung"[289]. Da diese mit dem Aufruf zur Sache beginnt (§ 243 Abs. 1 S. 1 StPO) und nach der Eröffnung der Urteilsgründe schließt (§ 260 Abs.ck 1 i. Verb. m. § 268 Abs. 2 S. 1 StPO), wäre der Schutz des Angeklagten denkbar gering; denn Bildaufnahmen, zu denen sich die Reporter vor oder nach der Verhandlung bzw. während er Sitzungspausen anschicken, blieben vom Verbot ausgenommen. Aber selbst wenn der Gesetzgeber eine Verbotsnorm statuierte, die diese Zeiträume erfaßte[290], wäre der Schutz des Angeklagten nur unvollkommen gewährleistet. Abgesehen davon, daß es findigen Reportern meist gelingen wird, sich Bildmaterial in Form von früher aufgenommenen Fotos des Angeklagten zu beschaffen, bliebe es den Pressefotografen unbenommen, den Angeklagten in Foyers, Treppenaufgängen etc. des Gerichtsgebäudes zu erwarten und zu fotografieren.

Versuche, die Bildberichterstattung über den Angeklagten durch ein gesetzliches Fotografierverbot innerhalb des Gerichtssalls (und des Gerichtsgebäudes) zu unterbinden, hätten nach alledem nur den Charakter einer „Abschlagzahlung" an das, was der Gesetzgeber bezüglich des Bildnisschutzes „ganz generell — also nicht bloß für gerichtliche Verhandlungen — materiellrechtlich längst hätte regeln sollen"[291]. Da

---

[288] Im Ergebnis ebenso *Hünig*, S. 106 ff. (allerdings mit vorrangigem Bezug auf das schweizerische Recht).

[289] *Eb. Schmidt*, Strafprozeßrecht, S. 65; *Müller / Sax*, KMR, Anm. 1 a (1) zu § 169 GVG.

[290] Wobei sich allerdings Probleme hinsichtlich der systematischen Einordnung einer solchen Vorschrift ergeben.

[291] *Eb. Schmidt*, Publizistik, S. 12 f.; vgl. ferner *ders.*, Einleitung, S. 5.

gesetzgeberische Schritte zu einer allgemeinen Regelung des Bildnisschutzes für die nähere Zukunft nicht zu erwarten sind, ist es „Sache der Justiz"[292], sich im Rahmen ihrer Kompetenzen der Problematik anzunehmen. Die Rechtsgrundlage hierfür bilden — soweit es sich um Aufnahmen im Sitzungssaal handelt — die sitzungspolizeiliche Gewalt des Vorsitzenden (§ 176 GVG)[293] und — bezüglich aller anderen Räumlichkeiten innerhalb des Gerichtsgebäudes — das Hausrecht des Präsidenten bzw. des aufsichtsführenden Richters[294].

Zwar eröffnen beide Rechtsinstitute ihren Trägern grundsätzlich Raum zu Ermessensentscheidungen, jedoch bindet die fehlende Legitimation der Bildpresse zu fotografischen Aufnahmen des Angeklagten den Gerichtsvorsitzenden und den Inhaber des Hausrechts in der Ausübung ihres Ermessens derart, daß nur *eine* Entscheidung möglich ist — nämlich gegen das Tätigwerden der Bildpresse einzuschreiten[295].

Würde diesem Ergebnis in der Praxis entsprochen, dann wäre ein erster Schritt auf einem Gebiet eingeleitet, auf dem Persönlichkeitsrechtsverletzungen zum journalistischen Alltagsgeschäft gehören.

---

[292] Vgl. *Eb. Schmidt*, Justiz, S. 26 ff.
[293] Und zwar auch für die Zeit vor und nach der Verhandlung, sowie während (kürzerer) Verhandlungspausen (vgl. *Schorn*, Strafrichter, S. 209; ferner OLG Hamm, NJW 1956, 1452). — Zur Wegnahme eines Fotoapparates für die Dauer der Hauptverhandlung durch den Vorsitzenden vgl. OLG Koblenz, HESt 3, 59.
[294] Vgl. Nr. 125 Abs. 4 und 5 RiStBV; dazu auch *Engels*, S. 73 ff.
[295] Zum Problem der Reduzierung des Ermessensspielraums „auf Null" vgl. allgemein *Wolf / Bachof*, Verwaltungsrecht I, § 31 II e 2.

Literaturverzeichnis

Adler, Emanuel: Anmerkung zu KG Berlin, Urteil vom 26. 7. 1924, JW 1924, S. 1780.
— Anmerkung zu LG I Berlin, Urteil vom 6. 3. 1928, JW 1929, S. 452.

Alber, Peter-Paul: Die Geschichte der Öffentlichkeit im deutschen Strafverfahren, Berlin 1974.

Alexander, Franz / *Hugo Staub*: Der Verbrecher und seine Richter, in: Tilmann Moser, Psychoanalyse und Justiz, Frankfurt/Main 1971, S. 203 - 433.

Allfeld, Philipp: Kommentar zu dem Gesetze betreffend das Urheberrecht an Werken der bildenden Künste und der Photographie vom 9. Januar 1907, München 1908 (zit.: Allfeld, Kommentar).
— Rechtsanwälte im Bilde, DJZ 1926, Sp. 1467 - 1469.

Altmann, Rüdiger: Das Problem der Öffentlichkeit und seine Bedeutung für die moderne Demokratie, Diss.phil. Marburg 1954.

Arndt, Adolf: Das Bild des Richters, Karlsruhe 1957.
— Umwelt und Recht, NJW 1960, S. 423 - 425.
— Presse- und Meinungsfreiheit nach dem Grundgesetz, NJW 1963, S. 193 bis 194.
— „Vor unserer eigenen Tür" — Eine Besprechung der Entscheidung des BGH vom 16. 9. 1966 zu dieser Fernsehsendung, NJW 1967, S. 1845 - 1847.

Arzt, Gunther: Der strafrechtliche Schutz der Intimsphäre, Tübingen 1970.

Bappert, Walter: Die Freiheit von Film- und Funkberichterstattung nach dem sog. Wochenschaugesetz, GRUR 1963, S. 16 - 24.

Baumann, Jürgen: Grundbegriffe und Verfahrensprinzipien des Strafprozeßrechts, 2. Aufl. Stuttgart—Berlin—Köln 1972.

Behr, Jürgen: Der Sensationsprozeß, Hamburg 1968.

Berlit, Jan-Wolfgang: Justiz und Öffentlichkeit. Zum Deutschen Richtertag in Kassel, DRiZ 1963, S. 327 - 328.

Bertram, F.: Bild- und Tonberichterstattung im Gerichtsverfahren, DRiZ 1956, S. 127 - 128.

Besser, Alexander: Justiz und Öffentlichkeit, in: Heinrich Reynold (Hrsg.), Justiz und Öffentlichkeit, Köln—Berlin—Bonn—München 1966, S. 11 - 22.

Bessler, Hansjörg / Frank *Bledijan*: Systematik der Massenkommunikationsforschung, München—Basel 1967.

Bettermann, Karl-August: Die Unabhängigkeit der Gerichte und der gesetzliche Richter, in: K. A. Bettermann, H. C. Nipperdey, U. Scheuner (Hrsg.), Die Grundrechte, 3. Bd., 2. Halbband, Berlin 1959, S. 523 - 642 (zit.: Bettermann, Grundrechte III, 2).
— Die allgemeinen Gesetze als Schranken der Pressefreiheit, JZ 1964, S. 601 bis 611.

Bledijan, Frank: Theoretische Ansätze über den Einfluß der präkommunikativen Einstellungsstruktur der Rezipienten auf Bildung und Änderung von Einstellungen, in: Dieter Prokop (Hrsg.), Massenkommunikationsforschung 2, Konsumtion, Frankfurt a. M. 1973, S. 213 - 248.

Bockelmann, Paul: Öffentlichkeit und Strafrechtspflege, NJW 1960, S. 217 - 221.

Brewer, Johann Paul: Über das öffentliche Verfahren vor Gericht, Köln 1818.

Bruns, Hans-Jürgen: Strafzumessungsrecht, 2. Aufl., Köln—Berlin—Bonn—München 1974.

Bucerius, Gerd: Die moderne Photographie ist ohne die Illustrierten nicht zu denken, in: Karl Pawek (Hrsg.), Panoptikum oder Wirklichkeit, Hamburg 1965, S. 231 - 234.

Bührke, Horst: Plädoyer für die Öffentlichkeitsarbeit der Justiz, DRiZ 1966, S. 5 - 9.

— Justiz und Öffentlichkeit, in: Heinrich Reynold (Hrsg.), Justiz und Öffentlichkeit, Köln—Berlin—Bonn—München 1966, S. 23 - 33 (zit.: Bührke, Justiz und Öffentlichkeit).

Bussmann, Kurt: Persönlichkeitsrecht und Berichterstattung in Presse, Film und Funk, JR 1955, S. 202 - 205.

— Reichen die geltenden gesetzlichen Bestimmungen insbesondere im Hinblick auf die modernen Nachrichtenmittel aus, um das Privatleben gegen Indiskretion zu schützen? — Gutachten zum 42. Deutschen Juristentag, in: Verhandlungen des 42. Deutschen Juristentages, Band I, Tübingen 1957, S. 1 - 77 (zit.: Bussmann, DJT-Gutachten).

Coing, Helmut: Anmerkung zu BGH, Urteil vom 25. 5. 1954, JZ 1954, S. 700.

— Ehrenschutz und Presserecht, Karlsruhe 1960.

Copić, Hans: Berufsverbot und Pressefreiheit, JZ 1963, S. 494 - 500.

Cornelissen, Josef: Tätigkeit und Theorie Feuerbachs im Strafprozeßrecht, Diss. jur. Bonn 1963.

Czajka, Dieter: Pressefreiheit und „öffentliche Aufgabe" der Presse, Stuttgart—Berlin—Köln—Mainz 1968.

Dagtoglou, Prodromos: Wesen und Grenzen der Pressefreiheit, Stuttgart 1963.

Dahs, Hans: Der Anwalt im Strafprozeß, AnwBl 1959, S. 171 - 189.

— Unzulässigkeit von Bild- und Rundfunk im Gerichtssaal, NJW 1961, S. 1755 - 1757.

Dovifat, Emil: Allgemeine Publizistik, in: ders. (Hrsg.), Handbuch der Publizistik, Band 1, Berlin 1968 (zit.: Dovifat, Handbuch).

Dovifat, Emil / Jürgen *Wilke*: Zeitungslehre I, II 6. Aufl., Berlin—New York 1976.

Drath, Martin: Der Verfassungsrang der Bestimmungen über die Gesetzesblätter, in: Forschungen und Berichte aus dem öffentlichen Recht — Gedächtnisschrift für Walter Jellinek, München 1955, S. 237 - 257.

Dreher, Eduard: Strafgesetzbuch, 37. Aufl., München 1977.

Dubischar, Roland: Grundbegriffe des Rechts. Eine Einführung in die Rechtstheorie, Stuttgart—Berlin—Köln—Mainz 1968.

Dürig, Günter: Die Menschenauffassung des Grundgesetzes, JR 1952, S. 259 bis 263.

Echterhölter, Rudolf: Die Europäische Menschenrechtskonvention im Rahmen der verfassungsmäßigen Ordnung, JZ 1955, S. 689 - 693.

Ehrenzweig, Albert A.: Psychoanalytische Rechtswissenschaft, Berlin 1973.

Ellwein, Thomas: Politische Verhaltenslehre, 6. Aufl., Stuttgart—Berlin—Köln—Mainz 1968.

Engels, Ulfert: Rechtspflege und Massenmedien, Diss. jur. München 1972.

Engisch, Karl: Die normativen Tatbestandsmerkmale im Strafrecht, in: Festschrift für Edmund Mezger, München und Berlin 1954, S. 429 - 453.

Enzensberger, Hans-Magnus: Deutschland, Deutschland unter anderm. — Äußerungen zur Politik, Frankfurt a. M. 1967.

Erdsiek, Gerhard: Umwelt und Recht. Nochmals: Gerichtsöffentlichkeit. — Rundfunk- und Fernsehübertragungen aus dem Gerichtssaal, NJW 1960, S. 1048 - 1050.

— Unterhaltung als öffentliche Aufgabe der Presse?, NJW 1963, S. 1392.

— Zum Persönlichkeitsrecht des Straftäters, AfP 1973, S. 413 - 416.

Esser, Josef: Schuldrecht, Band II, Besonderer Teil, 4. Aufl. Karlsruhe 1971 (zit.: Esser, Schuldrecht II).

Fabian, Rainer: Bildwert und Bildaufgabe im öffentlichen Leben, in: Emil Dovifat (Hrsg.), Handbuch der Publizistik, Band 2, 1. Teil, Berlin 1969, S. 48 - 55.

Feldmann, Erich: Neue Studien zur Theorie der Massenmedien, München—Basel 1969 (zit.: Feldmann, Studien).

— Theorie der Massenmedien (Neuauflage), München—Basel 1972 (zit.: Feldmann, Massenmedien).

Feuerbach, Anselm Ritter von: Betrachtungen ueber die Oeffentlichkeit und Muendlichkeit der Gerechtigkeitspflege, Bd. 1, Gießen 1821.

Fichte, Johann Gottlieb: Grundlage des Naturrechts nach Prinzipien der Wissenschaftslehre, Hamburg 1960.

Fikentscher, Wolfgang: Schuldrecht, 6. Aufl., Berlin—New York 1976.

Flehinghaus, Otto: Justiz und Öffentlichkeit, DRiZ 1959, S. 165 - 166.

Fögen, Marie Theres: Der Kampf um Gerichtsöffentlichkeit, Berlin 1974.

Forsthoff, Ernst: Tagespresse und Grundgesetz, DÖV 1963, S. 633 - 635.

— Begriff und Wesen des sozialen Rechtsstaates, VVDStRL 12 (1954), S. 8 - 36.

Fraenkel, Ernst: Parlament und öffentliche Meinung, in: Festgabe für Hans Herzfeld, Berlin 1958, S. 163 - 186.

— Deutschland und die westlichen Demokratien, Stuttgart 1974 (zit.: Fraenkel, Deutschland).

Franke, Dietmar: Ordnungswidrigkeitenverfahren und Öffentlichkeitsprinzip, ZRP 1977, S. 143 - 144.

Friesenhahn, Ernst: Parlament und Regierung im modernen Staat, in: VVDStRL Heft 16, Berlin 1958, S. 9 - 65.

Fromme, Friedrich Karl: Grenzen der Kritik. Ein Beitrag zum allgemeinen Persönlichkeitsrecht der Künstler. Berlin—Frankfurt/Main 1962.

Fulchignoni, Enrico: Betrachtungen über eine Soziologie der Fotografie, in: Alphons Silbermann (Hrsg.), Die Massenmedien und ihre Folgen, München—Basel 1970, S. 10 - 20.

Fuld, Ludwig: Gesetz betreffend das Urheberrecht von Werken der bildenden Künste und der Photographie, 2. Aufl., Berlin und Leipzig 1925 (zit.: Fuld, Urheberrecht).

Fuß, Ernst-Werner: Zur Rechtsstaatlichkeit der Europäischen Gemeinschaften, DÖV 1964, S. 577 - 587.

Gadamer, Hans-Georg: Wahrheit und Methode, 3. Aufl., Tübingen 1973.

Gamm, Otto-Friedrich Freiherr von: Urheberrechtsgesetz, München 1968.

— Zur praktischen Anwendung des allgemeinen Persönlichkeitsrechts, NJW 1955, S. 1826 - 1827.

— Persönlichkeits- und Ehrverletzungen durch Massenmedien, München 1969 (zit.: v. Gamm, Massenmedien).

Geck, Wilhelm Karl: Anmerkung zu OVG Münster, Bescheid vom 24. 6. 1955, DÖV 1956, S. 525 - 527.

Geiringer, Friedrich Robert: Grundbegriffe der Bildberichterstattung, Diss. phil. Wien 1953.

Gerhardt, Erwin: Zum Begriff der Informationsfreiheit, AfP 1974, S. 689 - 691.

Gidalewitsch, Nahum: Bildbericht und Presse, Diss. phil. (Basel 1935), Tübingen 1956.

Goldbaum, Wenzel: Anmerkung zu AG München, Urteil vom 4. 11. 1927, JW 1928, S. 376.

Görlitz, Axel: Politische Dimensionen der Justizreform, JuS 1970, S. 267 - 271.

Gross, Rolf: Öffentliche Aufgabe der Presse und Pressefreiheit, NJW 1963, S. 893 - 894.

Guradze, Heinz: Anmerkung zu BVerfG, Beschluß vom 14. 1. 1960, NJW 1962, S. 1243.

Häberle, Peter: Die Koalitionsvereinbarungen im Lichte des Verfassungsrechts, ZfPol 1965, S. 293 - 298.

— Freiheit, Gleichheit und Öffentlichkeit des Abgeordnetenstatus — Zum Diätenurteil des BVerfG, NJW 1976, S. 537 - 543.

Habermas, Jürgen: Strukturwandel der Öffentlichkeit — Untersuchungen zu einer Kategorie der bürgerlichen Gesellschaft, 5. Aufl. Berlin und Neuwied 1971.

Hagen, Johann: Die Technologisierung des Rechts, ZRP 1972, S. 156 - 158.

Hämmerlein, Hans: Öffentlichkeit und Verwaltung, Göttingen 1966.

Hassemer, Winfried: Strafzumessung, Strafvollzug und die „Gesamte Strafrechtswissenschaft", in: Arthur Kaufmann (Hrsg.), Die Strafvollzugsreform, Karlsruhe 1971, S. 53 - 65.

Henkel, Heinrich: Der Strafschutz des Privatlebens, in: Verhandlungen des 42. Deutschen Juristentages, Bd. II, Tübingen 1959, D 59 - D 145.

Henkel, Heinrich: Strafverfahrensrecht. Ein Lehrbuch 2. Aufl., Stuttgart—Berlin—Köln—Mainz 1968.

Herbst, Leonore: Öffentlichkeit der Hauptverhandlung, Arztgeheimnis und Schutz der Menschenwürde, NJW 1969, S. 546 - 548.

Herzog, Roman: Das Verhältnis der Europäischen Menschenrechtskonvention zu späteren deutschen Gesetzen, DÖV 1959, S. 44 - 47.

Hesse, Konrad: Grundzüge des Verfassungsrechts der Bundesrepublik Deutschland, 6. Aufl., Karlsruhe 1973.

Hirsch, Ernst E.: Maulkorb für die Presse, Zum Referentenentwurf eines Gesetzes zur Neuordnung des zivilrechtlichen Persönlichkeits- und Ehrenschutzes, Frankfurt/Main 1959.

Hochheimer, Wolfgang: Zur Psychologie von strafender Gesellschaft, KJ 1969, S. 27 - 49.

Hoffmann-Riem, Wolfgang: Medienwirkung und Medienverantwortung, in: Fr. Kübler (Hrsg.), Medienwirkung und Medienverantwortung, Baden-Baden 1975, S. 19 - 55 (zit.: Hoffmann-Riem, Medienverantwortung).
— Sozialstaatliche Wende der Medienverantwortung? JZ 1975, S. 469 - 476.

Hofstätter, Peter R.: Die Öffentlichkeit als Adressat der Publizität, in: C. H. Barz u. a. (Hrsg.), Das Frankfurter Publizitätsgespräch, Frankfurt/Main 1962, S. 74 - 87.

Holldack, F.: Das Reichsgericht und die Geschichte, JW 1931, S. 1333 - 1338.

Horstkotte, Hartmuth: Der Allgemeine Teil des Strafgesetzbuches nach dem 1. September 1969, NJW 1969, S. 1601 - 1606.

Hotz, Kaspar: Zum Problem der Abgrenzung des Persönlichkeitsrechts nach Art. 28 ZGB, Diss. jur. Zürich 1967.

Huber, Hans: Der zivilrechtliche Persönlichkeits- und Ehrenschutz nach dem Entwurf eines Gesetzes zu seiner Neuordnung vom 18. August 1959 in seinem Verhältnis zur Pressefreiheit nach Art. 5 des Grundgesetzes, in: Adolf Schüle, Hans Huber, Persönlichkeitsschutz und Pressefreiheit, Tübingen 1961, S. 65 - 136.

Hubmann, Heinrich: Der zivilrechtliche Schutz der Persönlichkeit gegen Indiskretion, JZ 1957, S. 521 - 528.
— Die Personendarstellung im Film und Gesetzentwurf des BJM über den Persönlichkeitsschutz, Ufita 1958, S. 19 - 34.
— Das Persönlichkeitsrecht, 2. Aufl., Köln—Graz 1967 (zit.: Hubmann, Persönlichkeitsrecht).
— Urheber- und Verlagsrecht, 3. Aufl. München 1974 (zit.: Hubmann, Urheberrecht).

Hünig, Markus: Probleme des Schutzes des Beschuldigten vor den Massenmedien, Diss. jur. Zürich 1973.

Isensee, Josef: Subsidiaritätsprinzip und Verfassungsrecht, Berlin 1968.

Jäggi, Peter: Fragen des privatrechtlichen Schutzes der Persönlichkeit, ZSR Bd. 79 II (1960), S. 133 a - 261 a.

Jagusch, Heinrich: Rundfunk- und Fernsehübertragungen von Gerichtsverhandlungen, DRiZ 1960, S. 85.

Jerschke, Hans-Ulrich: Öffentlichkeitspflicht der Exekutive und Informationsrecht der Presse. Schriftenreihe zum Öffentlichen Recht Band 153, Berlin 1971.

Jescheck, Hans-Heinrich: Die Bedeutung der Öffentlichkeit für die moderne Kriminalpolitik, ZStrW Band 71 (1959), S. 1 - 14.

— Der VIII. Internationale Strafrechtskongreß vom 21. - 27. September 1961 in Lissabon, ZStrW Band 74 (1962), S. 183 - 197.

Jung, Carl Gustav: Die Dynamik des Unbewußten, Werke Band 8, Zürich und Stuttgart 1967.

— Die Archetypen und das kollektive Unbewußte, Werke Band 9/1, Olten und Freiburg im Breisgau 1976.

Kaiser, Joseph H.: Die Wahrnehmung öffentlicher Publizitätsinteressen, in: C. H. Barz (Hrsg.), Das Frankfurter Publizitätsgespräch, Frankfurt/Main 1962, S. 88 - 105.

Kalt, Erich: Das Prinzip der Öffentlichkeit staatlichen Handelns als Voraussetzung der demokratischen Willensbildung, Diss. jur. Zürich 1952.

Kant, Immanuel: Transzendentale Methodenlehre, Werke (Cassirer) Band III, Berlin 1922, S. 479 - 571.

— Über den Gemeinspruch: Das mag in der Theorie richtig sein, taugt aber nicht für die Praxis, Werke Band VI, Berlin 1925, S. 355 - 398.

— Zum ewigen Frieden, Werke Band VI, Berlin 125, S. 425 - 474.

— Die Metaphysik der Sitten, Werke Band VII, Berlin 1922.

— Beantwortung der Frage: Was ist Aufklärung? Werke Band IV, Berlin 1922, S. 167 - 176.

Kauffmann, Hans: Justiz und Öffentlichkeit, in: Heinrich Reynold, Justiz und Öffentlichkeit, Köln—Berlin—Bonn—München 1966, S. 55 - 62.

Kaufmann, Arthur: Analogie und „Natur der Sache", Karlsruhe 1965 (zit.: Kaufmann, Analogie).

— Strafrecht und Strafvollzug, in: Arth. Kaufmann (Hrsg.), Die Strafvollzugsreform, Karlsruhe 1971, S. 35 - 52 (zit.: Kaufmann, Strafrecht).

Kaufmann, Horst: Allgemeines Persönlichkeitsrecht und Schmerzensgeld, JuS 1963, S. 373 - 384.

Kaupen, Wolfgang: Die Hüter von Recht und Ordnung, 2. Aufl., Neuwied und Berlin 1971.

Keller, Heinrich: Kriminalberichterstattung und Aggression, Kriminalsoziologische Bibliografie (Wien), 4 (1976), S. 15 - 45.

Kern, Eduard: Gerichtsverfassungsrecht, 5. Aufl., München 1975.

— Geschichte des Gerichtsverfassungsrecht; München und Berlin 1954 (zit.: Kern, Geschichte).

Kern, Eduard / Claus *Roxin*: Strafverfahrensrecht, 14. Aufl., München 1976.

Kierkegaard, Sören: Der Begriff Angst — Vorworte —, Regensburg 1958.

Kleinknecht, Theodor: Strafprozeßordnung, 33. Aufl., München 1977.

Koebel: Allgemeines Persönlichkeitsrecht und Unterlassungsanspruch, NJW 1955, S. 1337 - 1339.

Kohl, Helmut: Medienwirkung und Medienverantwortung, in: Fr. Kübler (Hrsg.), Medienwirkung und Medienverantwortung, Baden-Baden 1975, S. 57 - 80.

Kohler, Josef: Kunstwerkrecht, Stuttgart 1908.
— Das Eigenbild im Recht, Berlin 1903 (zit.: Kohler, Eigenbild).

Kohlhaas, Max: Bild- und Tonberichterstattung im Gerichtsverfahren, DRiZ 1956, S. 2 - 4.
— Reformbedürftigkeit der Gerichtsberichterstattung?, NJW 1963, S. 477 - 479.
— Richter und Staatsanwälte im Blick der Öffentlichkeit, DRiZ 1963, S. 329 bis 334.
— Die mangelnde Durchsetzbarkeit des § 169 Satz 2 GVG, NJW 1970, S. 600.

Kottwitz, Gisela: Entwicklung von Kategorien zur vergleichenden Analyse von Bildaussagen in Zeitungen, Diss. phil. Berlin 1970.

Krauß, Detlef: Der Schutz der Intimsphäre im Strafprozeß, in: Festschrift für Wilhelm Gallas, Berlin—New York 1973, S. 365 - 389.

Krüger, Herbert: Allgemeine Staatslehre, 2. Aufl., Stuttgart—Berlin—Köln—Mainz 1966.

Kübler, Friedrich: Sozialisationsschutz durch Medienverantwortung als Problem richterlichen Normierens, in: Friedrich Kübler (Hrsg.), Medienwirkung und Medienverantwortung, Baden-Baden 1975, S. 7 - 18 (zit.: Kübler, Medienverantwortung).
— Amt und Stellung des Richters in der Gesellschaft von morgen, DRiZ 1969, S. 379 - 385.

Küchenhoff, Günther: Persönlichkeitsschutz kraft Menschenwürde, in: Menschenwürde und freiheitliche Rechtsordnung. Festschrift für Willi Geiger, Tübingen 1974, S. 45 - 59.

Kühle, Kay: Der Straftäter, insbesondere der Verurteilte als „relative" Person der Zeitgeschichte, AfP 1973, S. 356 - 357.

Kühne, Hans-Heiner: Ausschluß der Öffentlichkeit im Strafverfahren, NJW 1971, S. 224 - 228.

Kunert, K. H.: Kurze Freiheitsstrafe und Strafaussetzung zur Bewährung nach den Vorschriften des Ersten Gesetzes zur Reform des Strafrechts, MDR 1969, S. 705 - 712.

Küster, Otto: Persönlichkeitsschutz und Pressefreiheit, Karlsruhe 1960.

Lampe, Ernst-Joachim: Der Straftäter als „Person der Zeitgeschichte", NJW 1973, S. 217 - 222.

Landwehr, Wilfried: Das Recht am eigenen Bild, Winterthur 1955.

Lang, Wilhelm: Ton- und Bildträger, Bielefeld 1960.

Larenz, Karl: Das „allgemeine Persönlichkeitsrecht" im Recht der unerlaubten Handlungen, NJW 1955, S. 521 - 525.
— Reichen die geltenden gesetzlichen Bestimmungen insbesondere im Hinblick auf die Entwicklung der modernen Nachrichtenmittel aus, um das Privatleben gegen Indiskretion zu schützen?, in: Verhandlungen des 42. Deutschen Juristentages Band 1, Tübingen 1957, D 25 - D 38 (zit.: Larenz, DJT-Referat).

Larenz, Karl: Lehrbuch des Schuldrechts. Zweiter Band; Besonderer Teil, 10. Aufl., München 1972 (zit.: Larenz, Schuldrecht II).

— Methodenlehre der Rechtswissenschaft, 3. Aufl., Berlin—Heidelberg—New York 1975 (zit.: Larenz, Methodenlehre).

v. La Roche, Walter: Justiz und Öffentlichkeit, in: Heinrich Reynold (Hrsg.), Justiz und Öffentlichkeit, Köln—Berlin—Bonn—München 1966, S. 63 - 71.

Lautmann, Rüdiger: Soziologie vor den Toren der Jurisprudenz, Stuttgart—Berlin—Köln—Mainz 1971.

Leibholz, Gerhard / Hans Justus *Rinck:* Grundgesetz für die Bundesrepublik Deutschland, 4. Aufl., Köln—Marienburg 1971.

Leiser, Wolfgang: „Im Namen des Volkes!" — Eine Formel und ihre Geschichte, in: Vierteljahresschrift für Sozial- und Wirtschaftsgeschichte, Bd. 55 (1968), S. 501 - 515.

Leisner, Walter: Öffentlichkeitsarbeit der Regierung im Rechtsstaat, Berlin 1966.

Löffler, Martin: Persönlichkeitsschutz und Pressefreiheit, in: M. Löffler (Hrsg.), Persönlichkeitsschutz und Meinungsfreiheit, München und Berlin 1959, S. 1 - 10.

— Presserecht, Kommentar Bd. I, 2. Aufl., München 1969 (zit.: Löffler, Presserecht).

Löwe / Rosenberg: Die Strafprozeßordnung und das Gerichtsverfassungsgesetz mit Nebengesetzen. Erster Band 22. Aufl., Berlin 1971.

— Die Strafprozeßordnung und das Gerichtsverfassungsgesetz mit Nebengesetzen. Erster Band 23. Aufl., Berlin—New York 1976.

Luhmann, Niklas: Legitimation durch Verfahren, Neuwied und Berlin 1969.

Mallmann, Walter: Literatur zum Presserecht II, JZ 1964, S. 141 - 144.

v. Mangoldt, Hermann / Friedrich *Klein:* Das Bonner Grundgesetz, Bd. 1, 2. Aufl., Berlin und Frankfurt 1957.

Marcić, René: Die Öffentlichkeit als Prinzip der Demokratie, in: Festschrift für Adolf Arndt, Frankfurt/Main 1969, S. 267 - 292.

— Öffentlichkeit als staatsrechtlicher Begriff, in: Günther Menning (Hrsg.), Richter und Journalisten — Über das Verhältnis von Recht und Presse, Wien—Frankfurt—Zürich, 1965, S. 153 - 228 (zit.: Marcić, Begriff).

Martens, Wolfgang: Öffentlich als Rechtsbegriff, Bad Homburg v. d. H.—Berlin—Zürich 1969.

Martin, Ludwig A. C.: Das Pressefoto ist kein Dokument mehr!, Publizistik 3 (1958), S. 143 - 150.

— Die Illustration der Tageszeitungen in der Bundesrepublik, Publizistik 6 (1961), S. 26 - 40.

Marwitz: Das Recht am eigenen Bilde und das Lebensbild, Ufita 1933, S. 51 bis 56.

Marx, Michael: Zum Begriff „Öffentlichkeit" in § 183 StGB, JZ 1972, S. 112 bis 114.

Maul, Heinrich: Bild- und Rundfunkberichterstattung im Strafverfahren, MDR 1970, S. 286 - 288.

Maunz, Theodor / Günter *Dürig* / Roman *Herzog:* Grundgesetz — Kommentar Band I, Stand München 1977.

Mauz, Gerhard: „Von der Tat her gesehen prähistorisch"?, Der Spiegel, 28. Jahrg. (1974), Nr. 35, S. 54 - 55.

— Zwänge und Versuchungen des Journalisten bei der Kriminalberichterstattung, Kriminalsoziologische Bibliografie (Wien), 4 (1976), S. 3 - 14.

Mayer, Kurt: Der massenwirksame Emotionsappell in der Bildanzeige, Diss. phil. Berlin 1962.

Mechler, Achim: Der Verbrecher als Sündenbock der Gesellschaft, ZRP 1971, S. 1 - 3.

Mikinovic, Stephan: Enquête zur Kriminal- und Gerichtsberichterstattung, Wien 1977, Kriminalsoziologische Bibliografie (Wien), 4 (1976), S. 46 - 51.

Mittermaier, Carl Josef Anton: Die Muendlichkeit, das Anklageprinzip, die Oeffentlichkeit und das Geschwornengericht, Stuttgart und Tübingen 1845.

Möhring, Philipp: Anmerkung zu RG, Urteil vom 26. 6. 1929, JW 1929, S. 3078 - 3079.

Mösslang, Franz Hugo: Das Foto als publizistisches Mittel, in: Emil Dovifat (Hrsg.), Handbuch der Publizistik, Band 2, 1. Teil, Berlin 1969, S. 91 - 104.

Müller-Dietz, Heinz: Probleme deutscher Strafvollzugsgesetzgebung, in: H. Müller-Dietz, Wege zur Strafvollzugsreform, Berlin 1972, S. 110 - 130 (zit.: Müller-Dietz, Wege).

— Aufgaben und Ziele des künftigen Strafvollzugs, in: H. Müller-Dietz, Wege zur Strafvollzugsreform, Berlin 1972, S. 84 - 98 (zit.: Müller-Dietz, Wege).

— Strafzwecke und Vollzugsziel, Tübingen 1973.

— Strafzumessung und Behandlungsziel. Das Verhältnis der Strafzumessungsregeln zum Behandlungskonzept der Strafvollzugsreform, MDR 1974, S. 1 - 7.

— Die Entwürfe zu einem Strafvollzugsgesetz und die Strafvollzugsreform, JZ 1974, S. 351 - 361.

— Die Entwürfe zu einem Strafvollzugsgesetz und die Strafvollzugsreform, JZ 1974, S. 351 - 361.

— Grundrechtsbeschränkungen im Strafvollzug — BVerfG NJW 1976, 37, JuS 1976, S. 88 - 93.

Müller, Hermann / Walter *Sax:* KMR-Kommentar zur StPO und zum Gerichtsverfassungs- und Ordnungswidrigkeitengesetz, Bd. 2, 6. Aufl., Darmstadt 1966.

Münch, Fritz: Zur Anwendung der Menschenrechtskonvention in der Bundesrepublik Deutschland, JZ 1961, S. 153 - 155.

Naegeli, Eduard: Verbrechen und Strafe als Formen der Aggression, in: Arno Plack (Hrsg.), Der Mythos vom Aggressionstrieb, München 1973, S. 157 - 180.

Negt, Oskar / Alexander *Kluge:* Öffentlichkeit und Erfahrung — Zur Organisationsanalyse von bürgerlicher und proletarischer Öffentlichkeit, Frankfurt/Main 1972.

Neumann-Duesberg, Horst: Anmerkung zu BGH, Urteil vom 20. 5. 1957, NJW 1957, S. 1276 - 1277.
— Abgrenzbarkeit des allgemeinen Persönlichkeitsrechts und sein Schutz nach § 823 Abs. 1 BGB, NJW 1957, S. 1341 - 1344.
— Anmerkung zu LG Frankfurt, Urteil vom 9. 1. 1958, bei Schulze OLGZ 55, S. 6 - 7.
— Bildberichterstattung über absolute und relative Personen der Zeitgeschichte, JZ 1960, S. 114 - 118.
— Anmerkung zu OLG München, Urteil vom 15. 11. 1962, bei Schulze OLGZ Nr. 54, S. 6 - 9.
— Anmerkung zu OLG Nürnberg, Urteil vom 29. 1. 1963, bei Schulze OLGZ 59, S. 8 - 10.
— Das „Recht auf Anonymität" in seiner Erscheinungsform als Recht am eigenen Bild, JurJAB, 7. Bd. (1966/67), S. 138 - 161.
— Persönlichkeitsrecht auf Namensanonymität, JZ 1970, S. 564 - 568.
— Fernsehsendung „Aktenzeichen XY-ungelöst" und Persönlichkeitsrecht, JZ 1971, S. 305 - 311.
— Dokumentarfernsehsendung „Soldatenmord von Lebach" unter persönlichkeitsrechtlichem und verfassungsrechtlichem Aspekt, JZ 1973, S. 261 bis 263.

Nipperdey, Hans Carl: Reichen die geltenden gesetzlichen Bestimmungen, insbesondere im Hinblick auf die Entwicklung der modernen Nachrichtenmittel, aus, um das Privatleben gegen Indiskretion zu schützen? — Gutachten zum 42. Deutschen Juristentag, in: Verhandlungen des 42. Deutschen Juristentages, Band II, Tübingen 1959, D 3 - D 23.
— Das allgemeine Persönlichkeitsrecht, Ufita 1960, S. 1 - 29.
— Die Würde des Menschen, in: Fr. L. Neumann, H. C. Nipperdey, U. Scheuner (Hrsg.), Die Grundrechte, II. Bd., 2. Aufl., Berlin 1968, S. 1 - 50 (zit.: Nipperdey, Grundrechte II, 2).
— Freie Entfaltung der Persönlichkeit, in: A. Bettermann, H. C. Nipperdey (Hrsg.), Die Grundrechte, Band IV, 2. Halbband, 2. Aufl., Berlin 1972, S. 741 - 909 (zit.: Nipperdey, Grundrechte IV, 2).

Nutz, Walter: Die Regenbogenpresse — Eine Analyse der deutschen bunten Wochenblätter, Opladen 1971.

Ostermeyer, Helmut: Strafunrecht, München 1971.
— Die Sündenbockprojektion in der Rechtsprechung, ZRP 1972, S. 241 - 244.
— Straflust statt Rechtsbewußtsein — Die Gerichtsreportage als repressives Ritual, in: Eckart Spoo (Hrsg.), Die Tabus der bundesdeutschen Presse, 2. Aufl., München 1973 (zit.: Ostermeyer, Straflust).
— Die bestrafte Gesellschaft, München—Wien 1975 (zit.: Ostermeyer, Gesellschaft).

Pawek, Karl: Das Optische Zeitalter — Grundzüge einer neuen Epoche, Olten und Freiburg im Breisgau 1963.

Peters, Karl: Strafprozeß, 2. Aufl., Karlsruhe 1966.

Ramelow, Michael: Der Lebensbildschutz im Rahmen des allgemeinen Persönlichkeitsrechts, Diss. jur. Hamburg 1963.

Rasehorn, Theo: Von der Klassenjustiz zum Ende der Justiz, KJ 1969, S. 273 bis 283.

Rausch, Heribert: Das Persönlichkeitsrecht und der Schutz des einzelnen vor verletzenden Pressebildern, Diss. jur. Zürich 1969.

Rehbinder, Manfred: Die öffentliche Aufgabe und rechtliche Verantwortlichkeit der Presse, Diss. jur. Berlin 1961.

— Öffentliche Aufgabe der Presse: Was ist das?, NJW 1963, S. 1387 - 1389.

Reik, Theodor: Geständniszwang und Strafbedürfnis, in: Tilmann Moser (Hrsg.), Psychoanalyse und Justiz, Frankfurt/Main 1971, S. 5 - 201.

Reinhardt, Rudolf: Der Streit um den Persönlichkeitsschutz nach dem Referentenentwurf des Bundesjustizministeriums, JZ 1959, S. 41 - 46.

— Persönlichkeitsschutz und Meinungsfreiheit, Tübingen 1961.

Reiwald, Paul: Die Gesellschaft und ihre Verbrecher, Frankfurt/Main 1973.

Richter, Walther: Die Rolle des Richters in unserer Zeit, JZ 1974, S. 345 - 351.

Ridder, Helmut: Meinungsfreiheit, in: F. Neumann, H. C. Nipperdey, U. Scheuner (Hrsg.), Die Grundrechte, Bd. 2, 2. Aufl., Berlin 1968 (zit.: Ridder, Grundrechte II), S. 243 - 290.

— Alles fließt. Bemerkungen zum „Soraya-Beschluß" des Ersten Senats des Bundesverfassungsgerichts, AfP 1973, S. 453 - 457.

Riklin, Franz: Der Schutz der Persönlichkeit gegenüber Eingriffen durch Radio und Fernsehen nach schweizerischem Privatrecht, Freiburg (Schweiz) 1968.

Rohde, Fritz: Die Öffentlichkeit im Strafprozeß, Diss. jur. Bochum 1972.

Rohner, Max: Presse und Strafjustiz, SchwZStr 88 (1972), S. 145 - 164.

Rötelmann, Wilhelm: Anmerkung zu BGH, Urteil vom 5. 1. 1962, NJW 1962, S. 1004.

Rothfels, Hans: Sinn und Aufgabe der Zeitgeschichte, in: Hans Rothfels, Zeitgeschichtliche Betrachtungen, Göttingen 1959, S. 9 - 16.

Rottleuthner, Hubert: Klassenjustiz?, KJ 1969, S. 1 - 26.

Roxin, Claus: Aktuelle Probleme der Öffentlichkeit im Strafverfahren, in: Jürgen Baumann / Klaus Tiedemann, Einheit und Vielfalt des Strafrechts. Festschrift für Karl Peters, Tübingen 1974, S. 393 - 409.

Runge, Kurt: Anmerkung zu KG Berlin, Urteil vom 10. 4. 1953, bei Schulze KGZ Nr. 15, S. 6 - 8.

Rupp, Hans-Heinrich: Die Bindung des Richters an das Gesetz, NJW 1973, S. 1769 - 1774.

Sarstedt, Werner: Rundfunkaufnahmen im Gerichtssaal, JR 1956, S. 121 - 127.

Sax, Walter: Grundsätze der Strafrechtspflege, in: K. A. Bettermann, H. C. Nipperdey, U. Scheuner (Hrsg.), Die Grundrechte, Bd. III/2. Halbband, 2. Aufl., Berlin 1972, S. 909 - 1014 (zit.: Sax, Grundrechte III/2).

Seibert, Claus: Die Öffentlichkeit in großen Strafverfahren, NJW 1970, S. 1535 - 1536.

Severin, Ursula: Das Bundesgesetzblatt, Bonn 1962.

Smend, Rudolf: Zum Problem des Öffentlichen und der Öffentlichkeit, in: Gedächtnisschrift für Walter Jellinek, München 1955, S. 11 - 20.

Siebert, Wolfgang: Zur allgemeinen Problematik des Persönlichkeitsrechts, NJW 1958, S. 1369 - 1374.

Siegert, Karl: Fernsehrecht und Schutz der Einzelperson, NJW 1963, S. 1953 bis 1958.

Simon, Dieter: Die Unabhängigkeit des Richters, Darmstadt 1975.

Sprenger, Wolfgang: Der Ausschluß der Öffentlichkeit des Strafverfahrens zum Schutze der Privatsphäre des Angeklagten, Diss. jur. Würzburg 1975.

Schaeben, Leopold: Öffentlichkeit und Sitzungspolizei unter Berücksichtigung des Grundrechts der Freiheit der Berichterstattung, Diss. jur. Köln 1952.

Scheer, Bernhard: Deutsches Presserecht, Hamburg 1966.

Scheuner, Ulrich: Der Bereich der Regierung, in: Festschrift für Rudolf Smend, Göttingen 1952, S. 253 - 301.

— Das repräsentative Prinzip in der modernen Demokratie, in: Festschrift für Hans Huber, Bern 1961, S. 222 - 246.

— Pressefreiheit, VVDStRL Heft 22 (1965), S. 1 - 100.

Schiff, Wilhelm: Die Öffentlichkeit des deutschen Rechtsverfahrens im 19. Jahrhundert, Diss. jur. Gießen 1912.

Schiffer, Eugen: Anmerkung zu KG Berlin, Urteil vom 26. 7. 1924, JW 1924, S. 1780.

— Die deutsche Justiz. Grundzüge einer durchgreifenden Reform, Berlin 1928.

Schmidt, Eberhard: Öffentlichkeit oder Publicity?, in: Festschrift für Walter Schmidt, Berlin 1959, S. 338 - 353 (zit.: Schmidt, Publicity).

— Die Sache der Justiz, Göttingen 1961 (zit.: Schmidt, Justiz).

— Anmerkung zu BGH, Urteil vom 13. 6. 1961, JZ 1962, S. 221.

— Probleme der richterlichen Verantwortung, DRiZ 1963, S. 376 - 384.

— Lehrkommentar zur Strafprozeßordnung und zum Gerichtsverfassungsgesetz, Teil 1. 2. Aufl., Göttingen 1964 (zit.: Schmidt, Strafprozeßordnung).

— Deutsches Strafprozeßrecht — Ein Kolleg, Göttingen 1967 (zit.: Schmidt, Strafprozeßrecht).

— Justiz und Publizistik, Tübingen 1968 (zit.: Schmidt, Publizistik).

— Anmerkung zu BGH, Urteil vom 13. 2. 1968, NJW 1968, S. 804 - 805.

— Formen im Gerichtssaal, ZRP 1969, S. 254 - 259.

Schmidt, Eike: Wahrnehmung berechtigter Interessen ein Rechtfertigungsgrund?, JZ 1970, S. 8 - 12.

Schmidt-Räntsch, Günther: Gegenstand, Sinn und Grenzen des Beratungsgeheimnisses, JZ 1958, S. 329 - 335.

Schmitt, Carl: Verfassungslehre, 3. Aufl., Berlin 1957.

— Die geistesgeschichtliche Lage des heutigen Parlamentarismus, 3. Aufl., Berlin 1961 (zit.: Schmitt, Parlamentarismus).

Schneider, Boris: Einführung in die Neuere Geschichte, Stuttgart—Berlin—Köln—Mainz 1974.

Schneider, Franz: Presse- und Meinungsfreiheit nach dem Grundgesetz, München 1972.

Schneider, Hans-Joachim: Fernsehübertragung von Vorgängen der Hauptverhandlung — BGHSt 16, 111, JuS 1963, S. 346 - 351.

Schnur, Roman: Pressefreiheit, VVDStRL Heft 22 (1965), S. 101 - 159.

Schönke, Adolf / Horst *Schröder* u. a.: Strafgesetzbuch — Kommentar, 19. Aufl., München 1978.

Scholler, Heinrich: Person und Öffentlichkeit, München 1967.

Schorn, Hubert: Die Europäische Konvention zum Schutze der Menschenrechte und Grundfreiheiten in strafgerichtlicher Praxis, DRiZ 1963, S. 339 bis 342.

— Der Schutz der Menschenwürde im Strafverfahren, Neuwied—Berlin 1963 (zit.: Schorn, Menschenwürde).

Schröder, Horst: Zur Verteidigung der Rechtsordnung, JZ 1971, S. 241 - 244.

Schuckert, Rolf: Der Grundsatz der Volksöffentlichkeit im deutschen Zivil- und Strafprozeßrecht, Diss. jur. Freiburg 1936.

Schüle, Adolf: Zivilrechtlicher Persönlichkeitsschutz und Grundgesetz, in: Adolf Schüle / Hans Huber, Persönlichkeitsschutz und Pressefreiheit, Tübingen 1961, S. 1 - 63 (zit.: Schüle, Persönlichkeitsschutz).

— Koalitionsvereinbarungen im Lichte des Verfassungsrechts, Tübingen 1964 (zit.: Schüle, Koalitionsvereinbarungen).

Schüler-Springorum, Horst: Strafvollzug im Übergang, Göttingen 1969.

Schünemann, Hans-Wilhelm: Sozialwissenschaften und Jurisprudenz, München 1976.

Schumacher, Rainer: Die Presseäußerung als Verletzung der persönlichen Verhältnisse, Freiburg (Schweiz) 1960.

Schwalm, Georg: Schuld und Schuldfähigkeit im Licht der Strafrechtsreformgesetze vom 25. 6. und 4. 7. 1969, des Grundgesetzes und der Rechtsprechung des Bundesverfassungsgerichts, JZ 1970, S. 487 - 495.

Schwarzer, Horst: Das Bild und seine Anwendung in der illustrierten Presse, Diss. phil. München 1953.

Schweling, Otto: Der Ausschluß der Öffentlichkeit wegen Gefährdung der Sittlichkeit, DRiZ 1970, S. 354 - 356.

v. Stackelberg, Curt Ferdinand Freiherr von: Zur Reform des Strafprozeßrechts, JurJAB, 2. Bd. (1961/62), S. 171 - 194.

— Anmerkung zu OLG Bremen, Beschluß vom 17. 2. 1960, NJW 1960, S. 1265 bis 1266.

Staub, Hugo: Der Verbrecher und seine Richter, in: Tilmann Moser (Hrsg.): Psychoanalyse und Justiz, Frankfurt/Main 1971, S. 1 - 202.

Stein, Ekkehart: Staatsrecht, 5. Aufl., Tübingen 1976.

M. *Stenglein's* Kommentar zu den strafrechtlichen Nebengesetzen des Deutschen Reichs, Band I, 5. Aufl., Berlin 1928.

Stiewe, Willy: Das Bild als Nachricht, Berlin 1933 (zit.: Stiewe, Nachrichtenbild).

Stiewe, Willy: Das Pressephoto als publizistisches Mittel, Diss. phil. Berlin 1936 (zit.: Stiewe, Pressefoto).

Stock, Ulrich: Das Ziel des Strafverfahrens, in: Festschrift für Edmund Mezger, München und Berlin 1954, S. 429 - 453.

Strelow, Liselotte: Das manipulierte Menschenbildnis, Düsseldorf 1961.

Sturm, Richard: Die Strafrechtsreform, JZ 1970, S. 81 - 87.

Thiesmeyer, Heinrich: Öffentlichkeitsarbeit der Justiz, DRiZ 1964, S. 73 - 75.

Trachsler, Walter: Rechtliche Fragen bei der fotografischen Aufnahme, Diss. jur. Zürich 1975.

Ule, Carl Hermann: Zur Bedeutung des Rechtsstaatsbegriffs in der Rechtsprechung des Bundesverfassungsgerichts, DVBl 1963, S. 475 - 482.

Ulmer, Eugen: Urheber- und Verlagsrecht, Berlin—Göttingen—Heidelberg 1951.

Voigtländer / Elster / Kleine: Urheberrecht, Berlin 1952.

Wassermann, Rudolf: Justiz und Public Relations, DRiZ 1963, S. 294 - 298.

— Notwendigkeit und Grenzen der Justizkritik, DRiZ 1966, S. 9 - 13. Justiz und Öffentlichkeit, in: Heinrich Reynold (Hrsg.), Justiz und Öffentlichkeit, Köln—Berlin—Bonn—München 1966, S. 73 - 82 (zit.: Wassermann, Justiz und Öffentlichkeit).

— Neuer Stil im Strafprozeß, ZRP 1969, S. 169 - 172.

Watteyne, Wolfgang: Feuilletonbild und Bildfeuilleton, Diss. phil. Wien 1953.

Weber, Werner: Medienpolitik und Pressefreiheit, AfP 1974, S. 586 - 592.

Weidemann, Helmut: Öffentlichkeitsgrundsatz und „Justizkampagne", DRiZ 1970, S. 114 - 116.

Wenzel, Karl Egbert: Das Recht der Wort- und Bildberichterstattung, Köln 1967 (zit. Wenzel, Berichterstattung).

— Anmerkungen zur Lebach-Entscheidung des Bundesverfassungsgerichts, AfP 1973, S. 432 - 434.

Werhahn, Jürgen W.: Persönlichkeitsrecht und Zeitgeschichte, in: Ehrengabe für Ernst E. Hirsch, Baden-Baden 1963, S. 306 - 328.

Wettstein, Edgar J.: Der Öffentlichkeitsgrundsatz im Strafprozeß, Zürich 1966.

Wien, Frank: Das allgemeine Persönlichkeitsrecht im Lichte des neuesten Schrifttums und der neuesten Rechtsprechung, Diss. jur. Marburg 1961.

Windsheimer, Hans: Die „Information" als Interpretationsgrundlage für die subjektiven öffentlichen Rechte des Art. 5 Abs. 1 GG, Berlin 1968.

Wohlfarth, Curt: Theorie des aktuellen Bildes, Diss. phil. Berlin 1936.

Wolf, Hans Julius / Otto *Bachof:* Verwaltungsrecht I, 9. Aufl., München 1974.

Zacher, Hans F.: Freiheitliche Demokratie, München—Wien 1969.

Zahn, Karl: Das Prinzip der Öffentlichkeit und die Berichterstattung aus dem Strafgerichtssaal, Diss. jur. Heidelberg 1953.

Zipf, Heinz: Kriminalpolitik, Karlsruhe 1973.
— Die Rechtsfolgen der Tat, in: Claus Roxin, Walter Stree, Heinz Zipf, Heike Jung (Hrsg.), Einführung in das neue Strafrecht. Schriftenreihe der Juristischen Schulung, Heft 30, 2. Aufl., München 1975, S. 62 - 109 (zit.: Zipf, Einführung).

Zitscher, Wolfram: Die Beziehungen zwischen der Presse und dem deutschen Strafrichter, Kiel 1968.

Printed by Libri Plureos GmbH
in Hamburg, Germany